卞尺丹几乙し丹卞と

Translated Language Learning

キミガタメ

Translated Language Learning

The Diaries of Adam and Eve
आदम और हव्वा की डायरी

Mark Twain
मार्क ट्वेन

English / हिंदी

Copyright © 2023 Tranzlaty
All rights reserved.
Published by Tranzlaty
ISBN: 978-1-83566-185-7
Original texts by Mark Twain:
Extracts from Adam's Diary: Translated from the Original MS
First published in The Niagara Book 1893
Eve's Diary
First published in Harper's Bazaar 1905
Illustrated by Lester Ralph
www.tranzlaty.com

- Extracts from Adam's Diary -
- एडम की डायरी से उद्धरण –

I had translated a portion of this diary some years ago
मैंने कुछ साल पहले इस डायरी के एक हिस्से का अनुवाद किया था।

a friend of mine printed a few copies of the text
मेरे एक मित्र ने पाठ की कुछ प्रतियां मुद्रित कीं।

the text was in an incomplete form
पाठ अपूर्ण रूप में था

but the public never got to see those texts
लेकिन जनता को उन ग्रंथों को कभी देखने को नहीं मिला।

Since then I have deciphered some more of Adam's hieroglyphics
तब से मैंने एडम के कुछ और चित्रलिपि को समझ लिया है।

he has now become sufficiently important as a public character
वह अब एक सार्वजनिक चरित्र के रूप में पर्याप्त रूप से महत्वपूर्ण हो गए हैं।

and I think this publication can now be justified
और मुझे लगता है कि इस प्रकाशन को अब उचित ठहराया जा सकता है।

Mark Twain
मार्क ट्वेन

***

MONDAY - सोमवार

This new creature with the long hair is constantly in the way
लंबे बालों वाला यह नया जीव लगातार रास्ते में है।

It is always hanging around and following me about
यह हमेशा चारों ओर घूमता रहता है और मेरे बारे में मेरा पीछा करता है।

I don't like this
मुझे यह पसंद नहीं है

I am not used to company

मुझे कंपनी की आदत नहीं है।
I wish it would stay with the other animals
काश यह अन्य जानवरों के साथ रहता।

Cloudy to-day, wind in the east
दिन में छाए बादल, पूर्व में हवा
I think we shall have rain
मुझे लगता है कि बारिश होगी।
Where did I get that word?
मुझे यह शब्द कहां से मिला?
I remember now
मुझे अब याद है
the new creature uses that word
नया प्राणी उस शब्द का उपयोग करता है।

TUESDAY - मंगलवार
I've been examining the great waterfall
मैं महान झरने की जांच कर रहा हूं।
the great waterfall is the finest thing on the estate, I think
महान झरना संपत्ति पर सबसे अच्छी चीज है, मुझे लगता है।
The new creature calls it Niagara Falls
नया जीव इसे नियाग्रा फॉल्स कहता है।
why does it call it Niagara falls?
इसे नियाग्रा फॉल्स क्यों कहा जाता है?
I am sure I do not know
मुझे यकीन है कि मैं नहीं जानता
it says the waterfall looks like Niagara Falls
यह कहता है कि झरना नियाग्रा जलप्रपात की तरह दिखता है।
That is not a reason
यह कोई कारण नहीं है।
it is mere waywardness and imbecility
यह केवल मूर्खता और नपुंसकता है।
I get no chance to name anything myself

मुझे खुद का नाम लेने का कोई मौका नहीं मिलता है।
The new creature names everything that comes along
नया प्राणी साथ आने वाली हर चीज का नाम देता है।

I don't even get time to protest
मुझे विरोध करने का भी समय नहीं मिलता है।

the same pretext is always offered
हमेशा एक ही बहाना पेश किया जाता है।

"it looks like the thing"
"यह बात की तरह दिखता है"

There is the dodo, for instance
उदाहरण के लिए, डोडो है।

it says the moment one looks at it one sees the animal "looks like a dodo"
इसमें कहा गया है कि जिस क्षण कोई इसे देखता है वह जानवर को "डोडो की तरह दिखता है"।

It will have to keep that name, no doubt
उसे यह नाम रखना होगा, इसमें कोई संदेह नहीं है।

It wearies me to fret about it
यह मुझे इसके बारे में परेशान करने के लिए प्रेरित करता है।

and it does no good to worry about it, anyway
और इसके बारे में चिंता करना अच्छा नहीं है, वैसे भी।

Dodo! It looks no more like a dodo than I do
दोदो! यह मेरी तुलना में एक डोडो की तरह नहीं दिखता है।

WEDNESDAY - बुधवार

I built myself a shelter against the rain
मैंने खुद को बारिश के खिलाफ एक आश्रय बनाया

but I could not have it to myself in peace
लेकिन मैं इसे शांति से अपने पास नहीं रख सका।

The new creature intruded
नए जीव ने घुसपैठ की।

I tried to put it out
मैंने इसे बाहर रखने की कोशिश की।

but it shed water out of the holes it looks with
लेकिन यह उन छेदों से पानी बहाता है जिनके साथ यह दिखता है।

it wiped the water away with the back of its paws
इसने अपने पंजे के पीछे से पानी को पोंछ दिया।

and it made a noise like the animals do when they are in distress
और इसने शोर मचाया जैसे जानवर करते हैं जब वे संकट में होते हैं।

I wish it would not talk
काश यह बात नहीं करता।

it is always talking
यह हमेशा बात कर रहा है

That sounds like a cheap fling at the poor creature
यह गरीब प्राणी पर एक सस्ते प्रेम की तरह लगता है।

but I do not mean it to sound like a slur
लेकिन मेरा मतलब यह नहीं है कि यह एक गाली की तरह लगता है।

I have never heard the human voice before
मैंने पहले कभी इंसान की आवाज नहीं सुनी।

for me it is a new and strange sound
मेरे लिए यह एक नई और अजीब आवाज है।

and this sound intrudes itself upon the solemn hush of these dreaming solitudes
और यह ध्वनि इन सपने देखने वाले एकांत ों के गंभीर रहस्य पर खुद को घुसपैठ करती है।

it offends my ear and seems a false note
यह मेरे कान को अपमानित करता है और एक झूठा नोट लगता है।

And this new sound is so close to me
और यह नई आवाज़ मेरे बहुत करीब है।

it is right at my shoulder, right at my ear
यह मेरे कंधे पर है, ठीक मेरे कान पर।

first on one side and then on the other
पहले एक तरफ और फिर दूसरी तरफ।

I am used only to sounds that are at a distance from me
मुझे केवल उन ध्वनियों की आदत है जो मुझसे दूरी पर हैं।

FRIDAY - शुक्रवार

The naming goes recklessly on, in spite of anything I can do
नामकरण लापरवाही से चलता है, इसके बावजूद कि मैं कुछ भी कर सकता हूं।

I had a very good name for the estate: Garden of Eden
मेरे पास संपत्ति के लिए एक बहुत अच्छा नाम था: गार्डन ऑफ ईडन

it was musical and pretty
यह संगीतमय और सुंदर था।

Privately, I continue to call it that
निजी तौर पर, मैं इसे कहना जारी रखता हूं।

but I don't call it that in public anymore
लेकिन मैं अब इसे सार्वजनिक रूप से नहीं कहता।

The new creature says it is all woods and rocks and scenery
नए प्राणी का कहना है कि यह सभी जंगल और चट्टानें और दृश्य हैं।

therefore it has no resemblance to a garden, it says
इसलिए यह एक बगीचे से कोई समानता नहीं है, यह कहता है

it says it looks like a park
यह कहता है कि यह एक पार्क की तरह दिखता है।

it says it does not look like anything but a park
यह कहता है कि यह एक पार्क के अलावा कुछ भी नहीं दिखता है।

without consulting me, it decided to rename the garden
मुझसे परामर्श किए बिना, इसने बगीचे का नाम बदलने का फैसला किया।

now it's called Niagara falls park
अब इसे नियाग्रा फॉल्स पार्क कहा जाता है।

it is becoming too much for me
यह मेरे लिए बहुत ज्यादा होता जा रहा है।

And there is already a sign up
और वहाँ पहले से ही एक साइन अप है

"Keep off the grass"
"घास से दूर रहो"

My life is not as happy as it was
मेरा जीवन उतना सुखी नहीं है जितना पहले था।

SATURDAY - शानिवार

The new creature eats too much fruit
नया प्राणी बहुत अधिक फल खाता है।
We may well run short of fruit quite soon
हमें जल्द ही फलों की कमी हो सकती है।
"we", again. That is one of its words
"हम", फिर से। यह उसके शब्दों में से एक है।
I've heard the word so many times
मैंने इस शब्द को कई बार सुना है।
and now it's one of my words too
और अब यह मेरे शब्दों में से एक भी है।

There is a good deal of fog this morning
आज सुबह कोहरा छाया हुआ है।
I do not go out in the fog
मैं कोहरे में बाहर नहीं निकलता।
The new creature always goes out in the fog
नया जीव हमेशा कोहरे में निकल जाता है।
It goes out in all weathers
यह हर मौसम में बाहर चला जाता है।
it stumps around outside with its muddy feet and talks
यह अपने गंदे पैरों के साथ बाहर घूमता है और बात करता है।
It used to be so pleasant and quiet here
यह यहां बहुत सुखद और शांत हुआ करता था।

SUNDAY - रविवार

This day is getting to be more and more trying
यह दिन अधिक से अधिक प्रयास करने वाला हो रहा है।
last November we made this day a day of rest
पिछले नवंबर में हमने इस दिन को आराम का दिन बना दिया।
I already had six days of rest per week
मेरे पास पहले से ही प्रति सप्ताह छह दिन का आराम था।
This morning I found the new creature at the forbidden tree

आज सुबह मुझे निषिद्ध पेड़ पर नया जीव मिला।
it was trying to clod apples out of that forbidden tree
यह उस निषिद्ध पेड़ से सेब को धोने की कोशिश कर रहा था।

MONDAY - सोमवार

The new creature says its name is Eve
नया प्राणी कहता है कि उसका नाम ईव है
That is all right
यह सब ठीक है
I have no objections to it being called Eve
मुझे इसे ईव कहे जाने पर कोई आपत्ति नहीं है।
it says I should call Eve when I want it to come
यह कहता है कि जब मैं चाहता हूं कि यह आए तो मुझे ईव को फोन करना चाहिए।
I said that would be superfluous
मैंने कहा कि यह अनावश्यक होगा।
The word evidently raised me in its respect
इस शब्द ने स्पष्ट रूप से मुझे इसके सम्मान में उठाया।
it is indeed a large and good word
यह वास्तव में एक बड़ा और अच्छा शब्द है।
this word will be worth repeating
यह शब्द दोहराने लायक होगा
It says it is not an "it"
यह कहता है कि यह "यह" नहीं है।
it says it is a "She"
वह कहता है कि यह एक "वह" है
This is probably doubtful
यह शायद संदिग्ध है।
but it is all the same to me
लेकिन यह सब मेरे लिए समान है।
whatever she is wouldn't matter if she didn't talk so much
वह जो कुछ भी है उससे कोई फर्क नहीं पड़ता अगर वह इतनी बात नहीं करती है।

TUESDAY - मंगलवार

She has littered the whole estate with execrable names and offensive signs:

उसने पूरी संपत्ति को अपमानजनक नामों और आपत्तिजनक संकेतों के साथ फैला दिया है:

"this way to the whirlpool"

"भंवर के लिए यह रास्ता"

"this way to goat island"

"बकरी द्वीप के लिए यह रास्ता"

"cave of the winds this way"

"हवाओं की गुफा इस तरह"

She says this park would make a tidy summer resort

वह कहती है कि यह पार्क एक साफ ग्रीष्मकालीन रिसॉर्ट बना देगा।

but summer resorts are not at all customary

लेकिन ग्रीष्मकालीन रिसॉर्ट्स बिल्कुल प्रथागत नहीं हैं।

"Summer resort" - another invention of hers

"ग्रीष्मकालीन रिसॉर्ट" - उसका एक और आविष्कार

just words without any meaning

बिना किसी अर्थ के केवल शब्द

What is a summer resort?

एक ग्रीष्मकालीन रिसॉर्ट क्या है?

But it is best not to ask her

लेकिन उससे न पूछना ही बेहतर है।

she has so much energy for explaining

उसे समझाने के लिए उसके पास इतनी ऊर्जा है।

FRIDAY - शुक्रवार

She has taken to beseeching me to stop going over the Falls

उसने मुझे झरने के ऊपर जाने से रोकने के लिए विनती की है।

What harm does it do?

इससे क्या नुकसान होता है?

Says it makes her shudder

कहते हैं कि यह उसे सिहरन पैदा करता है
I wonder why it makes her shudder
मुझे आश्चर्य है कि यह उसे क्यों हिलाता है।
I have always jumped down from the waterfalls
मैं हमेशा झरने से नीचे कूदता हूं।
I liked the plunge and the excitement
मुझे डुबकी और उत्साह पसंद आया।
and I liked the coolness of the water
और मुझे पानी की ठंडक पसंद थी।
I supposed it was what the Falls were for
मुझे लगता था कि यह वही था जिसके लिए फॉल्स थे।
They have no other use that I can see
उनके पास कोई अन्य उपयोग नहीं है जिसे मैं देख सकता हूं।
and they must have been made for something
और वे किसी चीज के लिए बनाए गए होंगे।
She says they were only made for scenery
वह कहती हैं कि वे केवल दृश्यों के लिए बनाए गए थे।
like the rhinoceros and the mastodon
गैंडे और मास्टोडॉन की तरह।
I went over the Falls in a barrel
मैं एक बैरल में झरने के ऊपर चला गया।
but that was not satisfactory to her
लेकिन यह उसके लिए संतोषजनक नहीं था।
I Went over the falls in a tub
मैं एक टब में गिरने के ऊपर चला गया।
it was still not satisfactory
यह अभी भी संतोषजनक नहीं था।
I swam the Whirlpool and the Rapids in a fig-leaf suit
मैंने अंजीर के पत्ते के सूट में व्हर्लपूल और रैपिड्स को तैरकर पार किया।
my suit got very damaged
मेरा सूट बहुत खराब हो गया था।
so I had to listen to tedious complaints about my extravagance

इसलिए मुझे अपनी फिजूलखर्ची के बारे में थकाऊ शिकायतों को सुनना पड़ा।

I am too hampered here
मैं यहां बहुत बाधित हूं।
What I need is change of scenery
मुझे जो चाहिए वह दृश्यों का परिवर्तन है।

SATURDAY - शानिवार

I escaped last Tuesday night and travelled two days
मैं पिछले मंगलवार की रात भाग गया और दो दिन की यात्रा की।
I built another shelter in a secluded place
मैंने एक सुनसान जगह पर एक और आश्रय बनाया।
and I obliterated my tracks as well as I could
और मैंने अपने ट्रैक को जितना हो सके उतना खत्म कर दिया।
but she hunted me out with the aid of one of her beasts
लेकिन उसने अपने एक जानवर की मदद से मेरा शिकार किया।
a beast which she has tamed and calls a wolf
एक जानवर जिसे उसने वश में किया है और भेड़िया कहता है
she came making that pitiful noise again
वह फिर से उस दयनीय शोर को करते हुए आया।
and she was shedding that water out of the places she looks with
और वह उस पानी को उन स्थानों से बाहर बहा रही थी जहां वह दिखती है।
I was obliged to return with her
मैं उसके साथ लौटने के लिए बाध्य था।
but I will emigrate again, when an occasion presents itself
लेकिन मैं फिर से प्रवास करूंगा, जब कोई अवसर खुद को प्रस्तुत करता है।

She engages herself in many foolish things
वह खुद को कई मूर्खतापूर्ण चीजों में व्यस्त करती है।
she's trying to understand why the lions and tigers eat grass and flowers
वह समझने की कोशिश कर रही है कि शेर और बाघ घास और फूल क्यों

खाते हैं।

she says their teeth would indicate that they were intended to eat each other

वह कहती है कि उनके दांत संकेत देंगे कि वे एक-दूसरे को खाने का इरादा रखते थे।

This is a foolish idea

यह एक मूर्खतापूर्ण विचार है।

to do that they would have to kill each other

ऐसा करने के लिए उन्हें एक-दूसरे को मारना होगा।

as I understand it that would introduce what is called "death"

जैसा कि मैं इसे समझता हूं कि "मृत्यु" क्या कहा जाता है

and I have been told that death has not yet entered the Park

और मुझे बताया गया है कि मृत्यु ने अभी तक पार्क में प्रवेश नहीं किया है।

on some accounts that is a pity

कुछ मामलों में यह अफ़सोस की बात है

SUNDAY - rested

रविवार - आराम

MONDAY - सोमवार

I believe I see what the week is for

मुझे विश्वास है कि मैं देखता हूं कि सप्ताह किस लिए है

it is to give time to rest up from the weariness of Sunday

यह रविवार की थकान से आराम करने के लिए समय देना है।

It seems a good idea

यह एक अच्छा विचार लगता है

She has been climbing that tree again

वह फिर से उस पेड़ पर चढ़ गया।

I clodded her out of it

मैंने उसे इससे बाहर निकाल दिया।

She said nobody was looking

- 11 -

उसने कहा कि कोई नहीं देख रहा था

she seems to consider that a sufficient justification
वह इसे पर्याप्त औचित्य मानती है।

but it is no justification for chancing a dangerous thing
लेकिन एक खतरनाक चीज को धोखा देने का कोई औचित्य नहीं है।

I told her it was no justification for what she did
मैंने उससे कहा कि उसने जो किया उसका कोई औचित्य नहीं है।

The word "justification" moved her admiration
"औचित्य" शब्द ने उसकी प्रशंसा को बढ़ा दिया।

she seemed to envy me a little, I thought
वह मुझसे थोड़ी ईर्ष्या कर रही थी, मैंने सोचा।

It is a good word
यह एक अच्छा शब्द है।

I shall use the word more often
मैं इस शब्द का अधिक बार उपयोग करूंगा।

THURSDAY - गुरूवार

She told me she was made out of one of my ribs
उसने मुझे बताया कि वह मेरी पसलियों में से एक से बना था।

I somewhat doubt what she says
मुझे संदेह है कि वह क्या कहती है।

I don't seem to be missing a rib
मुझे पसली की याद नहीं आ रही है।

and I can't imagine how she would have been made from my rib
और मैं कल्पना नहीं कर सकता कि वह मेरी पसली से कैसे बनी होगी।

She is making a great fuss about the buzzard
वह बज़र्ड के बारे में बहुत हंगामा कर रही है।

she says his stomach does not agree with the grass
वह कहती है कि उसका पेट घास से सहमत नहीं है।

she is afraid she can't raise the buzzard
उसे डर है कि वह बज़र्ड नहीं उठा सकती है।

she thinks it was intended to live on decayed flesh

वह सोचती है कि इसका उद्देश्य सड़े हुए मांस पर रहना था।
The buzzard must get along the best it can with what is provided
बज़र्ड को प्रदान की गई चीज़ों के साथ सबसे अच्छा मिलना चाहिए।
We cannot overturn the whole scheme to accommodate the buzzard
हम बज़र्ड को समायोजित करने के लिए पूरी योजना को पलट नहीं सकते हैं।

SATURDAY - शानिवार
She fell in the pond while she was looking at herself in it
वह तालाब में गिर गई, जबकि वह उसमें खुद को देख रही थी।
she is always looking at herself
वह हमेशा खुद को देखता रहता है।
She was nearly strangled by the water
वह पानी से लगभग गला घोंट दिया गया था।
and she said it was most uncomfortable
और उसने कहा कि यह सबसे असुविधाजनक था।
This made her sorry for the creatures which live in the water
इससे उसे पानी में रहने वाले जीवों के लिए खेद हुआ।
the creatures which she calls fish
जीव जिन्हें वह मछली कहती है
she continues to fasten names on to things that don't need them
वह उन चीजों पर नाम बांधना जारी रखती है जिन्हें उनकी आवश्यकता नहीं है।
the don't come when they are called by those names
जब उन्हें उन नामों से बुलाया जाता है तो वे नहीं आते हैं।
but this is a matter of no consequence to her
लेकिन यह उसके लिए कोई परिणाम का विषय नहीं है।
she is such a numbskull
वह इतनी सुन्न खोपड़ी है।
she took a lot of the fish out of the water last night

उसने कल रात बहुत सारी मछलियों को पानी से बाहर निकाला।
and then she brought them into the house
और फिर वह उन्हें घर में ले आया।
she put them in my bed so they would be warm
उसने उन्हें मेरे बिस्तर में डाल दिया ताकि वे गर्म हो जाएं।
but they don't seem any happier than where they were before
लेकिन वे पहले की तुलना में अधिक खुश नहीं लगते हैं।
all I can see is that they are quieter
मैं बस इतना देख सकता हूं कि वे शांत हैं।
When night comes I shall throw them out again
जब रात होगी तो मैं उन्हें फिर से बाहर फेंक दूंगा।
I will not sleep with these fish in my bed again
मैं इन मछलियों को अपने बिस्तर में फिर से नहीं सोऊंगा।
I find lying unclothed among them clammy and unpleasant
मुझे लगता है कि उनके बीच बिना कपड़ों के पड़ा हुआ है, चिकना और अप्रिय है।

SUNDAY - rested
रविवार - आराम

TUESDAY - मंगलवार
She has made friends with a snake
उसने एक सांप के साथ दोस्ती की है।
The other animals are glad that she is friends with the snake
अन्य जानवर खुश हैं कि वह सांप के साथ दोस्त है।
because she was always experimenting with the other animals
क्योंकि वह हमेशा अन्य जानवरों के साथ प्रयोग कर रहा था।
and she was always bothering the other animals
और वह हमेशा अन्य जानवरों को परेशान कर रहा था।
and I am also glad she is friends with the snake
और मुझे यह भी खुशी है कि वह सांप के साथ दोस्त है।

because the snake talks
क्योंकि सांप बोलता है
now she spends more time talking with the snake instead of me
अब वह मेरे बजाय सांप के साथ बात करने में अधिक समय बिताती है।
and this enables me to get a rest
और यह मुझे आराम करने में सक्षम बनाता है

FRIDAY - शुक्रवार
She says the snake advises her to try the fruit of the forbidden tree
वह कहती है कि सांप उसे निषिद्ध पेड़ के फल की कोशिश करने की सलाह देता है।
and she says the result will be a great and fine and noble education
और वह कहती है कि परिणाम एक महान और अच्छी और महान शिक्षा होगी।
I told her there would be another result, too
मैंने उससे कहा कि एक और परिणाम भी होगा।
eating from the tree would introduce death into the world
पेड़ से खाना दुनिया में मौत का परिचय देगा
telling her the fruit would bring death into the world was a mistake
उसे यह बताना कि फल दुनिया में मौत लाएगा, एक गलती थी।
it would have been better to keep the remark to myself
बेहतर होता कि मैं इस टिप्पणी को अपने तक ही रखता।
telling her about death gave her another idea
उसे मौत के बारे में बताने से उसे एक और विचार आया।
she could save the sick buzzard
वह बीमार बज़र्ड को बचा सकता था।
and she could furnish fresh meat to the despondent lions and tigers
और वह निराश शेरों और बाघों को ताजा मांस दे सकती थी।

I advised her to keep away from the tree
मैंने उसे पेड़ से दूर रहने की सलाह दी।

She said she wouldn't keep away from the tree
उसने कहा कि वह पेड़ से दूर नहीं रहेगी।

I foresee trouble and I will emigrate
मुझे परेशानी का सामना करना पड़ता है और मैं पलायन कर जाऊंगा।

WEDNESDAY - बुधवार

I have had an eventful time since I escaped
भागने के बाद से मेरे पास एक घटनापूर्ण समय रहा है।

I escaped on the night she ate from the tree
मैं उस रात भाग गया जब उसने पेड़ से खाना खाया।

and I rode a horse all night as fast as he could go
और मैं पूरी रात घोड़े पर सवार रहा जितनी तेजी से वह जा सकता था।

I hoped to get out of the park and hide in some other country
मुझे उम्मीद थी कि मैं पार्क से बाहर निकलूंगा और किसी और देश में छिप जाऊंगा।

I hoped I would get away before the trouble began
मुझे उम्मीद थी कि परेशानी शुरू होने से पहले मैं दूर हो जाऊंगा।

but my plans were not to be
लेकिन मेरी योजना नहीं थी।

About an hour after sunup I was riding through a flowery plain
सूरज निकलने के लगभग एक घंटे बाद मैं एक फूलों के मैदान से गुजर रहा था।

thousands of animals were grazing and slumbering
हजारों जानवर चर रहे थे और सो रहे थे।

and the young animals were playing with each other
और युवा जानवर एक दूसरे के साथ खेल रहे थे।

all of a sudden they broke into a tempest of frightful noises
अचानक वे भयानक शोर के तूफान में टूट गए।

and in one moment the plain was in a frantic commotion

और एक पल में मैदान एक उन्मत्त हलचल में था।
every beast was destroying its neighbour
हर जानवर अपने पड़ोसी को नष्ट कर रहा था।
I knew what it meant; Eve had eaten that fruit
मुझे पता था कि इसका क्या मतलब है; हव्वा ने उस फल को खा लिया था।
death had come into the world
मौत दुनिया में आ गई थी
The tigers ate my horse
बाघ मेरे घोड़े को खा गए।
they payed no attention when I ordered them to desist
जब मैंने उन्हें दूर रहने का आदेश दिया तो उन्होंने कोई ध्यान नहीं दिया।
they would even have eaten me if I had stayed
अगर मैं रहता तो वे मुझे खा भी लेते।
I found this place outside the park
मुझे यह जगह पार्क के बाहर मिली।
I was fairly comfortable for a few days
मैं कुछ दिनों के लिए काफी सहज था।
but she has found my hiding place
लेकिन उसे मेरे छिपने की जगह मिल गई है।
and she has named the place Tonawanda
और उसने जगह का नाम टोनवांडा रखा है
she says it looks like Tonawanda
वह कहती है कि यह टोनावांडा की तरह दिखता है।

In fact, I was not sorry she came
वास्तव में, मुझे खेद नहीं था कि वह आया था।
there are but meagre pickings here
यहां बहुत कम लोग चुनते हैं।
and she brought some of those apples
और वह उन सेबों में से कुछ ले आया।
I was so hungry that I to eat them
मुझे इतनी भूख लगी थी कि मैं उन्हें खा रहा था।
eating those apples was against my principles

उन सेबों को खाना मेरे सिद्धांतों के खिलाफ था।

but I find that principles have no real force except when one is well fed
लेकिन मुझे लगता है कि सिद्धांतों का कोई वास्तविक बल नहीं है सिवाय इसके कि जब किसी को अच्छी तरह से खिलाया जाता है।

She came curtained in boughs and bunches of leaves
वह पत्तियों के गुच्छों और झाड़ियों में लिपटी हुई आई थी।

I asked her what she meant by such nonsense
मैंने उससे पूछा कि इस तरह की बकवास से उसका क्या मतलब है।

I snatched the leaves from her
मैंने उससे पत्ते छीन लिए।

and threw her coverings onto the ground
और उसके आवरण को जमीन पर फेंक दिया

she tittered and blushed when I did this
जब मैंने ऐसा किया तो वह शरमा गई और शरमा गई।

I had never seen a person titter and blush before
मैंने इससे पहले कभी किसी व्यक्ति को चिढ़ाते और शरमाते नहीं देखा था।

her manner seemed to be unbecoming and idiotic
उसका तरीका अशोभनीय और मूर्खतापूर्ण लग रहा था।

but she said I would soon know how it felt
लेकिन उसने कहा कि मुझे जल्द ही पता चल जाएगा कि यह कैसा लगा।

in this she was correct
इसमें वह सही था।

I have come to understand the feeling of shame
मुझे शर्म की भावना समझ में आई है।

Hungry as I was, I laid down the apple half eaten
भूख लगी तो मैंने आधा खाया हुआ सेब रख दिया।

it was certainly the best apple I ever saw
यह निश्चित रूप से सबसे अच्छा सेब था जिसे मैंने कभी देखा था।

it was as especially good apple, considering the lateness of the season
मौसम की देरी को देखते हुए यह विशेष रूप से अच्छा सेब था।

and I covered myself in the discarded boughs and branches
और मैंने खुद को फेंके गए झाड़ियों और शाखाओं में ढक लिया।

then I spoke to her with some severity
फिर मैंने उससे कुछ गंभीरता के साथ बात की।

I ordered her to go and get some more apples
मैंने उसे जाने और कुछ और सेब लाने का आदेश दिया।

and I told her not make such a spectacle of herself
और मैंने उससे कहा कि खुद का ऐसा तमाशा मत करो।

She did as I told her
उसने वैसा ही किया जैसा मैंने उससे कहा था।

then we crept down to where the wild beasts bad battled
फिर हम वहां पहुंच गए जहां जंगली जानवरों ने बुरी तरह लड़ाई लड़ी।

and we collected some of their furs
और हमने उनके कुछ फर एकत्र किए।

I made her patch together a couple of suits proper for public occasions
मैंने उसे सार्वजनिक अवसरों के लिए उपयुक्त सूट के साथ पैच किया।

They are uncomfortable, it is true
वे असहज हैं, यह सच है।

but this clothing we now wear is stylish
लेकिन यह कपड़े जो हम अब पहनते हैं वह स्टाइलिश है।

and that is the main point about clothes
और यह कपड़ों के बारे में मुख्य बिंदु है।

I find she is a good companion to have
मुझे लगता है कि वह एक अच्छा साथी है।

I would be lonesome and depressed without her
मैं उसके बिना अकेला और उदास हो जाऊंगा।

if I didn't have her I wouldn't have anyone
अगर मेरे पास वह नहीं होता तो मेरे पास कोई नहीं होता।

but she says it is ordered that we work for our living from now on
लेकिन वह कहती हैं कि यह आदेश दिया गया है कि हम अब से अपने जीवन

यापन के लिए काम करें।

She will be useful in dividing up the work
वह काम को विभाजित करने में उपयोगी होगी।

I will superintend over the work we do
हम जो काम करते हैं, मैं उस पर निगरानी रखूंगा।

Ten Days Later - दस दिन बाद

She accuses me of being the cause of our disaster!
वह मुझ पर हमारी आपदा का कारण होने का आरोप लगाती है!

She says the Serpent assured her that the forbidden fruit was not apples
वह कहती है कि सर्प ने उसे आश्वासन दिया कि निषिद्ध फल सेब नहीं था।

and she says this with apparent sincerity and truth
और वह स्पष्ट ईमानदारी और सच्चाई के साथ यह कहती है

she says they weren't apples, but instead that they were chestnuts
वह कहती है कि वे सेब नहीं थे, बल्कि इसके बजाय कि वे चेस्टनट थे।

I said I was innocent since I had not eaten any chestnuts
मैंने कहा कि मैं निर्दोष हूं क्योंकि मैंने कोई चेस्टनट नहीं खाया था।

but the Serpent informed her that "chestnut" could also have a figurative meaning
लेकिन सर्प ने उसे सूचित किया कि "चेस्टनट" का एक आलंकारिक अर्थ भी हो सकता है।

she says a chestnut can be an aged and mouldy joke
वह कहती है कि एक शाहबलूत एक वृद्ध और सांचे वाला मजाक हो सकता है।

I turned pale at this definition
मैं इस परिभाषा पर पीला पड़ गया।

because I have made many jokes to pass the weary time
क्योंकि मैंने थके हुए समय को पास करने के लिए कई चुटकुले बनाए हैं

and some of them my jokes could have been of the chestnut variety
और उनमें से कुछ मेरे चुटकुले चेस्टनट किस्म के हो सकते थे।

but I had honestly supposed that they were new jokes when I made them
लेकिन मैंने ईमानदारी से सोचा था कि जब मैंने उन्हें बनाया था तो वे नए चुटकुले थे।
She asked me if I had made any jokes just at the time of the catastrophe
उसने मुझसे पूछा कि क्या मैंने तबाही के समय कोई मजाक किया था।
I was obliged to admit that I had made a joke to myself
मैं यह स्वीकार करने के लिए बाध्य था कि मैंने खुद के साथ एक मजाक किया था।
although I did not make the joke aloud
हालांकि मैंने मजाक को जोर से नहीं बनाया
this was the joke I was thinking to myself:
यह वह मजाक था जो मैं खुद से सोच रहा था:
I was thinking about the waterfalls
मैं झरनों के बारे में सोच रहा था।
"How wonderful it is to see that vast body of water tumble down there!"
"यह देखना कितना अद्भुत है कि पानी का वह विशाल शरीर वहां गिर जाता है!
Then in an instant a bright thought flashed into my head
फिर एक पल में एक उज्ज्वल विचार मेरे दिमाग में उभरा।
"It would be a great deal more wonderful to see the water tumble up the waterfall!"
"झरने पर पानी गिरते हुए देखना बहुत अद्भुत होगा!
I was just about to die from laughing when all nature broke loose
मैं हंसने से मरने ही वाला था कि सारी प्रकृति टूट गई।
and I had to flee for my life
और मुझे अपने जीवन के लिए भागना पड़ा।
"now you see" she said triumphantly
"अब आप देखते हैं," उसने विजयी रूप से कहा।
"the Serpent mentioned that very jest"

"सर्प ने बहुत मजाक में इसका उल्लेख किया"
"he called it the First Chestnut"
"उन्होंने इसे पहला चेस्टनट कहा"
"and he said it was coeval with the creation"
"और उसने कहा कि यह सृष्टि के साथ मेल खाता था"
Alas, I am indeed to blame
हां, मैं वास्तव में दोषी हूं।
I wish that I were not so witty
काश मैं इतना मजाकिया नहीं होता।
I wish that I had never had that radiant thought!
काश मैंने कभी ऐसा उज्ज्वल विचार नहीं किया होता!

Next Year - अगले साल
We have named it Cain
हमने इसे कैन नाम दिया है।
She caught it while I was up country trapping on the North Shore of the Erie
उसने इसे तब पकड़ा जब मैं एरी के उत्तरी तट पर फंस रहा था।
she caught it in the timber a couple of miles from our dug-out
उसने इसे हमारे खोदे गए से कुछ मील की दूरी पर लकड़ी में पकड़ लिया।
or it might have been four miles
या यह चार मील हो सकता है।
she isn't certain how far it was
वह निश्चित नहीं है कि यह कितनी दूर था।
It resembles us in some ways
यह कुछ मायनों में हमसे मिलता-जुलता है।
it may even be a relation to us
यह हमारे साथ एक संबंध भी हो सकता है।
That is what she thinks
वह यही सोचती है।
but this is an error, in my judgement
लेकिन यह मेरे निर्णय में एक त्रुटि है।

The difference in size suggests it is a new kind of animal
आकार में अंतर से पता चलता है कि यह एक नए प्रकार का जानवर है।

it is perhaps a fish
यह शायद एक मछली है

though when I put it in the water it sank
हालांकि जब मैंने इसे पानी में डाला तो यह डूब गया।

and she plunged in and snatched it out of the water
और वह अंदर गिर गई और उसे पानी से छीन लिया।

so there was no opportunity for the experiment to determine the matter
इसलिए प्रयोग के लिए मामले को निर्धारित करने का कोई अवसर नहीं था।

I still think it is a fish
मुझे अभी भी लगता है कि यह एक मछली है।

but she is indifferent about what it is
लेकिन वह इस बारे में उदासीन है कि यह क्या है।

and she will not let me have it to try
और वह मुझे कोशिश करने नहीं देगी।

I do not understand this
मुझे यह समझ में नहीं आता

The coming of the creature seems to have changed her whole nature
ऐसा लगता है कि प्राणी के आने से उसका पूरा स्वभाव बदल गया है।

it has made her unreasonable about experiments
इसने उसे प्रयोगों के बारे में अनुचित बना दिया है।

She thinks more of it than she does of any of the other animals
वह किसी भी अन्य जानवर की तुलना में इसके बारे में अधिक सोचती है।

but she is not able to explain why she likes it so much
लेकिन वह यह नहीं बता पा रही है कि उसे यह इतना पसंद क्यों है।

Her mind is disordered
उसका मन अस्त-व्यस्त है।

everything shows how disordered her mind is
सब कुछ दिखाता है कि उसका दिमाग कितना अव्यवस्थित है।

Sometimes she carries the fish in her arms half the night
कभी-कभी वह आधी रात मछली को अपनी बाहों में ले जाती है।

she looks after the fish when it complains
शिकायत होने पर वह मछली की देखभाल करती है।

I think it complains because it wants to get to the water
मुझे लगता है कि यह शिकायत करता है क्योंकि यह पानी में जाना चाहता है।

At such times the water comes out of the places that she looks out of
ऐसे समय में पानी उन जगहों से निकलता है जहां से वह बाहर दिखती है।

and she pats the fish on the back and makes soft sounds with her mouth
और वह मछली को पीठ पर थपथपाती है और अपने मुंह से नरम आवाज़ें निकालती है।

she betrays sorrow and solicitude in a hundred ways
वह सौ तरीकों से दुःख और याचना को धोखा देती है।

I have never seen her do like this with any other fish
मैंने उसे किसी अन्य मछली के साथ ऐसा करते हुए कभी नहीं देखा।

and her actions towards the fish trouble me greatly
और मछली के प्रति उसके कार्य मुझे बहुत परेशान करते हैं।

She used to carry the young tigers around like she does with the fish
वह युवा बाघों को चारों ओर ले जाती थी जैसे वह मछली के साथ करती है।

and she used play with the tigers before we lost our property
और वह हमारी संपत्ति खोने से पहले बाघों के साथ खेलती थी।

but with the tigers she was only playing with them
लेकिन बाघों के साथ वह केवल उनके साथ खेल रही थी।

she never worried about them when their dinner disagreed with them
उसने कभी उनके बारे में चिंता नहीं की जब उनका रात्रिभोज उनसे असहमत था।

SUNDAY - रविवार

She doesn't work Sundays
वह रविवार को काम नहीं करता है।

but she lies around all tired out
लेकिन वह थके हुए चारों ओर लेटी हुई है।

and she likes to have the fish wallow over her
और वह अपने ऊपर मछली पालना पसंद करती है।

she makes foolish noises to amuse the fish
वह मछली को खुश करने के लिए मूर्खतापूर्ण शोर करती है।

and she pretends to chew its paws
और वह अपने पंजे चबाने का नाटक करती है।

the makes the fish laugh
मछली को हंसाता है

I have not seen a fish before that could laugh
मैंने पहले कभी ऐसी मछली नहीं देखी जो हंस सके।

This makes me doubt whether it really is a fish
इससे मुझे संदेह होता है कि क्या यह वास्तव में एक मछली है।

I have come to like Sunday myself
मैं खुद रविवार पसंद करने आया हूं।

Superintending all the week tires a body so
पूरे सप्ताह अधीक्षण एक शरीर को थका देता है

There ought to be more Sundays
अधिक रविवार होने चाहिए

In the old days Sundays were tough
पुराने दिनों में रविवार कठिन था।

but now Sundays are very handy to have
लेकिन अब रविवार बहुत आसान है।

WEDNESDAY - बुधवार

It isn't a fish
यह मछली नहीं है

I cannot quite make out what it is
मैं पूरी तरह से समझ नहीं सकता कि यह क्या है।

It makes curious and devilish noises when not satisfied
संतुष्ट नहीं होने पर यह उत्सुक और शैतानी शोर करता है।

and it says "goo-goo" when it is satisfied
और जब यह संतुष्ट होता है तो यह "गू-गू" कहता है।

It is not one of us, for it doesn't walk
यह हम में से एक नहीं है, क्योंकि यह चलता नहीं है।

it is not a bird, for it doesn't fly
यह एक पक्षी नहीं है, क्योंकि यह उड़ता नहीं है।

it is not a frog, for it doesn't hop
यह मेंढक नहीं है, क्योंकि यह हॉप नहीं करता है।

it is not a snake, for it doesn't crawl
यह सांप नहीं है, क्योंकि यह रेंगता नहीं है।

I feel sure it is not a fish
मुझे यकीन है कि यह एक मछली नहीं है।

but I cannot get a chance to find out whether it can swim or not
लेकिन मुझे यह पता लगाने का मौका नहीं मिल सकता कि यह तैर सकता है या नहीं।

It merely lies around, mostly on its back, with its feet up
यह केवल चारों ओर स्थित है, ज्यादातर इसकी पीठ पर, अपने पैरों को ऊपर करके।

I have not seen any other animal do that before
मैंने पहले किसी अन्य जानवर को ऐसा करते नहीं देखा है।

I said I believed it was an enigma
मैंने कहा कि मुझे विश्वास है कि यह एक पहेली थी।

but she only admired the word without understanding it
लेकिन उसने इसे समझे बिना केवल शब्द की प्रशंसा की।

In my judgement it is either an enigma or some kind of a bug
मेरे विचार से यह या तो एक पहेली है या किसी प्रकार का बग है।

If it dies, I will take it apart and see what its arrangements are
अगर यह मर जाता है, तो मैं इसे अलग ले जाऊंगा और देखूंगा कि इसकी

व्यवस्था क्या है।

I never had a thing perplex me so much
मुझे कभी कोई ऐसी चीज नहीं हुई जो मुझे इतना परेशान कर रही थी।

Three Months Later - तीन महीने बाद
it is only getting more perplexing, instead of less
यह कम होने के बजाय केवल अधिक परेशान हो रहा है।
I sleep but little
मुझे नींद आती है लेकिन बहुत कम
it has ceased from lying around
यह चारों ओर लेटना बंद हो गया है।
it goes about on its four legs now
यह अब अपने चार पैरों पर चलता है।
Yet it differs from the other four-legged animals
फिर भी यह अन्य चार पैर वाले जानवरों से अलग है।
its front legs are unusually short
इसके सामने के पैर असामान्य रूप से छोटे होते हैं।
this causes the main part of its body to stick up uncomfortably high
इससे उसके शरीर का मुख्य हिस्सा असुविधाजनक रूप से ऊंचा चिपक जाता है।
and this is not attractive
और यह आकर्षक नहीं है
It is built much as we are
यह उतना ही बनाया गया है जितना हम हैं।
but its method of travelling shows that it is not of our breed
लेकिन इसकी यात्रा करने की विधि से पता चलता है कि यह हमारी नस्ल का नहीं है।
The short front legs and long hind ones indicate that it is of the kangaroo family
छोटे सामने के पैर और लंबे पिछले पैर बताते हैं कि यह कंगारू परिवार का है।

but it is a marked variation of the species
लेकिन यह प्रजातियों की एक चिह्नित भिन्नता है।
the true kangaroo hops, but this one never does
असली कंगारू हॉप्स करता है, लेकिन यह कभी नहीं होता है
Still, it is a curious and interesting variety
फिर भी, यह एक उत्सुक और दिलचस्प किस्म है।
and it has not been catalogued before
और इसे पहले सूचीबद्ध नहीं किया गया है
As I discovered it, I feel justified in securing the credit of the discovery
जैसा कि मैंने इसे खोजा, मुझे खोज का श्रेय हासिल करने में उचित लगता है।
and I shall be the one to attach my name to it
और मैं इसमें अपना नाम संलग्न करने वाला व्यक्ति होऊंगा।
so I have called it Kangaroorum Adamiensis
इसलिए मैंने इसे कंगारुरम एडमिएन्सिस कहा है।

It must have been a young one when it came
जब यह आया था तो यह एक युवा होना चाहिए था।
because it has grown exceedingly since it came
क्योंकि यह आने के बाद से बहुत बढ़ गया है
It must be five times as big, now, as it was then
यह तब की तुलना में अब पांच गुना बड़ा होना चाहिए।
when discontented it can make twenty-two to thirty-eight times the noise it made at first
जब असंतोष होता है तो यह पहली बार में किए गए शोर से बाईस से अड़तीस गुना अधिक शोर मचा सकता है।
Coercion does not modify this
जबरदस्ती इसे संशोधित नहीं करती है।
if anything, coercion has the contrary effect
यदि कुछ भी है, तो जबरदस्ती का विपरीत प्रभाव पड़ता है।
For this reason I discontinued the system
इस कारण से मैंने सिस्टम बंद कर दिया।

She reconciles it by persuasion
वह अनुनय द्वारा इसे सुलझाती है।
and she gives it things which she had previously told it she wouldn't give it
और वह इसे ऐसी चीजें देती है जो उसने पहले कहा था कि वह इसे नहीं देगी।
As already observed, I was not at home when it first came
जैसा कि पहले ही देखा जा चुका है, जब यह पहली बार आया तो मैं घर पर नहीं था।
and she told me she found it in the woods
और उसने मुझे बताया कि उसने इसे जंगल में पाया।
It seems odd that it should be the only one
यह अजीब लगता है कि यह केवल एक ही होना चाहिए।
yet it must be the only one
फिर भी यह केवल एक ही होना चाहिए।
I have worn myself out trying to find another one
मैंने खुद को एक और खोजने की कोशिश में थक गया है।
if I had another one in my collection I could study it better
अगर मेरे संग्रह में एक और होता तो मैं इसका बेहतर अध्ययन कर सकता था।
and then this one would have one of its kind to play with
और फिर इस के साथ खेलने के लिए अपनी तरह का एक होगा।
surely, then it would be quieter
निश्चित रूप से, यह शांत हो जाएगा।
and then we could tame it more easily
और फिर हम इसे और अधिक आसानी से नियंत्रित कर सकते हैं।
But I find none, nor any vestige of any
लेकिन मुझे कोई नहीं मिला, न ही कोई अवशेष
and strangest of all, I have found no tracks
और सबसे अजीब बात, मुझे कोई ट्रैक नहीं मिला है।
It has to live on the ground
इसे जमीन पर जीना पड़ता है।
it cannot help itself

यह खुद की मदद नहीं कर सकता
therefore, how does it get about without leaving a track?
इसलिए, ट्रैक छोड़ने के बिना यह कैसे होता है?
I have set a dozen traps
मैंने एक दर्जन जाल बिछाए हैं।
but the traps do no good
लेकिन जाल अच्छा नहीं करता है
I catch all the small animals except that one
मैं उस एक को छोड़कर सभी छोटे जानवरों को पकड़ता हूं।
animals that merely go into the trap out of curiosity
जानवर जो केवल जिज्ञासा के कारण जाल में चले जाते हैं
I think they go to see what the milk is there for
मुझे लगता है कि वे यह देखने जाते हैं कि दूध किस लिए है।
but they never drink this milk
लेकिन वे इस दूध को कभी नहीं पीते हैं।

Three Months Later - तीन महीने बाद
The kangaroo still continues to grow
कंगारू अभी भी बढ़ रहा है
this continual growth is very strange and perplexing
यह निरंतर वृद्धि बहुत अजीब और परेशान करने वाली है।
I never knew any animal to spend so much time growing
मुझे कभी नहीं पता था कि कोई जानवर इतना समय बढ़ने में बिताएगा।
It has fur on its head now, but not like kangaroo fur
इसके सिर पर अब फर है, लेकिन कंगारू फर की तरह नहीं।
it's exactly like our hair, but finer and softer
यह बिल्कुल हमारे बालों की तरह है, लेकिन महीन और नरम है।
and instead of being black its fur is red
और काला होने के बजाय इसका फर लाल है।
I am like to lose my mind over this zoological freak
मैं इस जूलॉजिकल फ्रीक पर अपना दिमाग खोना चाहता हूं।
the capricious and harassing developments are unclassifiable

मनमौजी और परेशान करने वाली घटनाएं अवर्गीकृत हैं।
If only I could catch another one
काश मैं एक और को पकड़ पाता।
but it is hopeless trying to find another
लेकिन यह एक और खोजने की कोशिश कर रहा निराशाजनक है।
I have to accept that it is a new variety
मुझे स्वीकार करना होगा कि यह एक नई किस्म है।
it is the only sample, this is plain to see
यह एकमात्र नमूना है, यह देखने के लिए सादा है।
But I caught a true kangaroo and brought it in
लेकिन मैंने एक सच्चे कंगारू को पकड़ा और उसे अंदर ले आया।
I thought that this one might be lonesome
मैंने सोचा कि यह अकेला हो सकता है।
so it might prefer to have a kangaroo for company
इसलिए यह कंपनी के लिए कंगारू रखना पसंद कर सकता है
otherwise it would have no kin at all
अन्यथा इसका कोई रिश्तेदार नहीं होगा।
and it would have no animal that it could feel a nearness to
और इसमें कोई जानवर नहीं होगा जिसे वह निकटता महसूस कर सके
this way it might get sympathy for its forlorn condition among strangers
इस तरह यह अजनबियों के बीच अपनी दयनीय स्थिति के लिए सहानुभूति प्राप्त कर सकता है।
strangers who do not know its ways or habits
अजनबी जो इसके तरीकों या आदतों को नहीं जानते हैं
strangers who do not know how to make it feel that it is among friends
अजनबी जो यह नहीं जानते कि इसे कैसे महसूस किया जाए कि यह दोस्तों के बीच है
but it was a mistake
लेकिन यह एक गलती थी
it went into terrible fits at the sight of the kangaroo

यह कंगारू को देखते ही भयानक फिट में चला गया।

I am convinced it had never seen a kangaroo before

मुझे यकीन है कि इसने पहले कभी कंगारू नहीं देखा था।

I pity the poor noisy little animal

मुझे गरीब शोर करने वाले छोटे जानवर पर दया आती है।

but there is nothing I can do to make it happy

लेकिन इसे खुश करने के लिए मैं कुछ भी नहीं कर सकता।

I would like to tame it, but that is out of the question

मैं इसे वश में करना चाहूंगा, लेकिन इसका प्रश्न ही नहीं उठता।

the more I try, the worse I seem to make it

जितना अधिक मैं कोशिश करता हूं, उतना ही बुरा लगता है मैं इसे बनाता हूं।

It grieves me to the heart to see it in its little storms of sorrow and passion

यह मुझे दुख और जुनून के छोटे तूफानों में देखने के लिए दिल से दुखी करता है।

I wanted to let it go, but she wouldn't hear of it

मैं इसे जाने देना चाहता था, लेकिन उसने इसके बारे में नहीं सुना।

That seemed cruel and not like her

यह क्रूर लग रहा था और उसके जैसा नहीं था।

and yet she may be right

और फिर भी वह सही हो सकता है।

It might be lonelier than ever

यह पहले से कहीं अधिक अकेला हो सकता है।

if I cannot find another one, how could it not be lonely?

अगर मुझे दूसरा नहीं मिल सकता है, तो यह अकेला कैसे नहीं हो सकता है?

Five Months Later - पांच महीने बाद

It is not a kangaroo

यह कंगारू नहीं है

holding her fingers it goes a few steps on its hind legs

अपनी उंगलियों को पकड़कर यह अपने पिछले पैरों पर कुछ कदम चलता है।

and then it falls down again
और फिर यह फिर से नीचे गिर जाता है।
so it is probably some kind of a bear
तो यह शायद किसी प्रकार का भालू है।
and yet it has no tail, as yet
और फिर भी इसकी कोई पूंछ नहीं है, अभी तक
and it has no fur, except on its head
और इसके सिर के अलावा कोई फर नहीं है।
It still keeps on growing, which is very interesting
यह अभी भी बढ़ता रहता है, जो बहुत दिलचस्प है।
bears get their growth earlier than this
भालू इससे पहले अपनी वृद्धि प्राप्त करते हैं
Bears are dangerous since our catastrophe
भालू हमारी तबाही के बाद से खतरनाक हैं
soon it will have to have a muzzle on
जल्द ही इसे थूथन पर रखना होगा
otherwise I won't feel safe around it
अन्यथा मैं इसके आसपास सुरक्षित महसूस नहीं करूंगा।
I have offered to get her a kangaroo if she would let this one go
मैंने उसे कंगारू लाने की पेशकश की है अगर वह इसे जाने देगी।
but she did not appreciate my offer
लेकिन उसने मेरे प्रस्ताव की सराहना नहीं की।
she is determined to run us into all sorts of foolish risks
वह हमें सभी प्रकार के मूर्खतापूर्ण जोखिमों में चलाने के लिए दृढ़ है।
she was not like this before she lost her mind
अपना दिमाग खोने से पहले वह ऐसी नहीं थी।

A Fortnight Later - एक पखवाड़े बाद
I examined its mouth
मैंने उसके मुंह की जांच की।
There is no danger yet; it has only one tooth
अभी तक कोई खतरा नहीं है; इसका केवल एक दांत होता है।

It has no tail yet
इसकी अभी तक कोई पूंछ नहीं है।
It makes more noise now than it ever did before
यह पहले की तुलना में अब अधिक शोर करता है।
and it makes the noise mainly at night
और यह मुख्य रूप से रात में शोर करता है।
I have moved out
मैं बाहर चला गया हूँ
But I shall go over in the mornings to breakfast
लेकिन मैं सुबह नाश्ते के लिए जाऊंगा।
then I will see if it has more teeth
फिर मैं देखूंगा कि क्या इसमें अधिक दांत हैं।
If it gets a mouthful of teeth, it will be time for it to go
यदि इसे दांतों का मुंह मिल जाता है, तो इसके जाने का समय हो जाएगा।
I won't make an exception if it has no tail
अगर इसकी कोई पूंछ नहीं है तो मैं अपवाद नहीं बनाऊंगा।
bears do not need tails in order to be dangerous
भालू को खतरनाक होने के लिए पूंछ की आवश्यकता नहीं होती है।

Four Months Later - चार महीने बाद
I have been off hunting and fishing a month
मैं एक महीने से शिकार और मछली पकड़ने से दूर हूं।
up in the region that she calls Buffalo
उस क्षेत्र में जिसे वह बफ़ेलो कहती है
I don't know why she has called it Buffalo
मुझे नहीं पता कि उसने इसे बफ़ेलो क्यों कहा है।
it could be because there are not any buffaloes there
ऐसा इसलिए हो सकता है क्योंकि वहां कोई भैंस नहीं है।
the bear has learned to paddle around all by itself
भालू ने अपने आप चारों ओर घूमना सीख लिया है।
it can walk on its hind legs
यह अपने पिछले पैरों पर चल सकता है।
and it says "daddy" and "mummy" to us

और यह हमें "डैडी" और "मम्मी" कहता है।

It is certainly a new species
यह निश्चित रूप से एक नई प्रजाति है।

This resemblance to words may be purely accidental, of course
शब्दों के साथ यह समानता विशुद्ध रूप से आकस्मिक हो सकती है, ज़ाहिर है।

it may be that its words have no purpose or meaning
यह हो सकता है कि इसके शब्दों का कोई उद्देश्य या अर्थ नहीं है।

but even in that case it would still be extraordinary
लेकिन उस मामले में भी यह अभी भी असाधारण होगा।

using words is something which no other bear can do
शब्दों का उपयोग करना कुछ ऐसा है जो कोई अन्य भालू नहीं कर सकता है।

This imitation of speech sufficiently indicates that this is a new kind of bear
भाषण की यह नकल पर्याप्त रूप से इंगित करती है कि यह एक नए प्रकार का भालू है।

add to that the general absence of fur
इसमें फर की सामान्य अनुपस्थिति भी शामिल है।

and consider the entire absence of a tail
और पूंछ की पूरी अनुपस्थिति पर विचार करें।

further study of it will be exceedingly interesting
इसका आगे का अध्ययन बेहद दिलचस्प होगा।

Meantime I will go off on a far expedition among the forests of the North
इस बीच मैं उत्तर के जंगलों के बीच एक दूर अभियान पर निकलूंगा।

there I will make a more exhaustive search
वहां मैं एक और विस्तृत खोज करूंगा।

There must certainly be another one somewhere
निश्चित रूप से कहीं न कहीं एक और होना चाहिए।

this one will be less dangerous when it has company of its own species
यह कम खतरनाक होगा जब इसकी अपनी प्रजाति की कंपनी होगी।

I will go straightway
मैं सीधे जाऊंगा।
but I will muzzle this one first
लेकिन मैं पहले इसे दबा दूंगा।

Three Months Later - तीन महीने बाद
It has been a weary, weary hunt
यह एक थका हुआ, थका हुआ शिकार रहा है।
yet I have had no success
फिर भी मुझे कोई सफलता नहीं मिली है।
while I was gone she caught another one!
जब मैं चला गया तो उसने एक और पकड़ लिया!
and she didn't even leave the estate
और उसने संपत्ति भी नहीं छोड़ी।
I never saw such luck
मैंने ऐसी किस्मत कभी नहीं देखी।
I might have hunted these woods a hundred years without finding one
हो सकता है कि मैंने इन लकड़ियों को बिना खोजे सौ साल तक शिकार किया हो।

Next Day - अगले दिन
I have been comparing the new one with the old one
मैं नए की तुलना पुराने वाले से कर रहा हूं।
it is perfectly plain that they are the same breed
यह पूरी तरह से स्पष्ट है कि वे एक ही नस्ल हैं।
I was going to stuff one of them for my collection
मैं अपने संग्रह के लिए उनमें से एक को भरने जा रहा था।
but she is prejudiced against it for some reason
लेकिन वह किसी कारण से इसके खिलाफ पूर्वाग्रह से ग्रस्त है।
so I have relinquished the idea
इसलिए मैंने इस विचार को त्याग दिया है।
but I think it is a mistake

लेकिन मुझे लगता है कि यह एक गलती है

It would be an irreparable loss to science if they should get away
यह विज्ञान के लिए एक अपूरणीय क्षति होगी अगर उन्हें दूर हो जाना चाहिए।

The old one is tamer than it was
पुराना एक पहले की तुलना में अधिक पतला है।

now it can laugh and talk like the parrot
अब यह तोते की तरह हंस और बात कर सकता है।

I have no doubt that it has learned this from the parrot
मुझे कोई संदेह नहीं है कि उसने तोते से यह सीखा है।

I calculate it has a great amount of the imitative faculty
मैं गणना करता हूं कि इसमें नकल संकाय की एक बड़ी मात्रा है।

I shall be astonished if it turns out to be a new kind of parrot
मुझे आश्चर्य होगा अगर यह एक नए प्रकार का तोता निकले।

and yet I ought not to be astonished
और फिर भी मुझे आश्चर्यचकित नहीं होना चाहिए

because it has already been everything else it could think of
क्योंकि यह पहले से ही सब कुछ है जो वह सोच सकता था।

The new one is as ugly now as the old one was at first
नया वाला अब उतना ही बदसूरत है जितना कि पुराना पहले था।

it has the same sulphur complexion
इसका रंग एक ही है।

and it has the same singular head without any fur on it
और इसमें एक ही विलक्षण सिर है जिस पर कोई फर नहीं है।

She calls the new one Abel
वह नए को हाबिल कहती है।

Ten Years Later - दस साल बाद
They are boys; we found it out long ago
वे लड़के हैं; हमें यह बहुत पहले पता चल गया था।

It was their coming in that small, immature shape that puzzled us

यह उनका उस छोटे, अपरिपक्व आकार में आना था जिसने हमें हैरान कर दिया।

we were not used to animals being so small for so long
हमें इतने लंबे समय तक जानवरों के इतने छोटे होने की आदत नहीं थी।

There are some girls now
अब कुछ लड़कियां हैं।

Abel is a good boy
हाबिल एक अच्छा लड़का है।

but if Cain had stayed a bear it would have improved him
लेकिन अगर कैन एक भालू रहता तो यह उसे बेहतर बना देता

After all these years I realize I had made a mistake
इतने सालों के बाद मुझे एहसास हुआ कि मैंने गलती की थी।

I see that I was initially mistaken about Eve
मैं देखता हूं कि मुझे शुरू में ईव के बारे में गलत समझा गया था।

it is better to live outside the Garden with her than inside it without her
उसके बिना बगीचे के अंदर रहने की तुलना में उसके साथ बाहर रहना बेहतर है।

At first I thought she talked too much
पहले मुझे लगा कि वह बहुत ज्यादा बात करती है।

but now I should be sorry to have that voice fall silent
लेकिन अब मुझे खेद होना चाहिए कि वह आवाज चुप हो गई।

I wouldn't want that voice to pass out of my life
मैं नहीं चाहता कि यह आवाज मेरे जीवन से बाहर निकल जाए।

Blessed be the chestnut that brought us together
धन्य है वह शाहबलूत जिसने हमें एक साथ लाया।

this chestnut has taught me to know the goodness of her heart
इस शाहबलूत ने मुझे उसके दिल की अच्छाई जानना सिखाया है।

this chestnut has taught me the sweetness of her spirit!
इस शाहबलूत ने मुझे उसकी आत्मा की मिठास सिखाई है!

- Eve's Diary –
- ईव की डायरी –

Translated from the original, by Mark Twain
मूल से अनुवादित, मार्क ट्वेन द्वारा

SATURDAY - शनिवार

I am almost a whole day old, now
मैं लगभग पूरे दिन का हूं, अब।
I arrived yesterday
मैं कल ही आ गया था।
That is as it seems to me

मुझे ऐसा ही लगता है।
And it must be so
और यह ऐसा होना चाहिए
perhaps there was a day-before-yesterday
शायद परसों एक दिन था।
but I was not there when it happened
लेकिन जब यह हुआ तो मैं वहां नहीं था।
if I had been there I would remember it
अगर मैं वहां होता तो मुझे यह याद होता।
It could be, of course, that it did happen
यह निश्चित रूप से हो सकता है कि ऐसा हुआ था।
and it could be that I was not noticing
और यह हो सकता है कि मैं नोटिस नहीं कर रहा था
Very well; I will be very watchful now
बहुत ख़ूब; मैं अब बहुत सतर्क रहूंगा।
if a day-before-yesterday happen I will make a note
अगर परसों कुछ होता है तो मैं एक नोट बनाऊंगा।
It will be best to start right
सही शुरुआत करना सबसे अच्छा होगा
and it's best not to let the record get confused
और रिकॉर्ड को भ्रमित न होने देना सबसे अच्छा है।
I feel these details are going to be important
मुझे लगता है कि ये विवरण महत्वपूर्ण होने जा रहे हैं।
my instincts are telling me this
मेरी प्रवृत्ति मुझे यह बता रही है।
they might be important to historians some day
वे किसी दिन इतिहासकारों के लिए महत्वपूर्ण हो सकते हैं।
For I feel like an experiment
क्योंकि मैं एक प्रयोग की तरह महसूस करता हूं
I feel exactly like an experiment
मैं बिल्कुल एक प्रयोग की तरह महसूस करता हूं।
a person can't feel more like an experiment than I do

एक व्यक्ति मेरी तुलना में एक प्रयोग की तरह अधिक महसूस नहीं कर सकता है।

it would be impossible to feel more like an experiment

एक प्रयोग की तरह महसूस करना असंभव होगा।

and so I am coming to feel convinced that is what I am

और इसलिए मुझे विश्वास हो रहा है कि मैं यही हूं।

I am an experiment

मैं एक प्रयोग हूँ

just an experiment and nothing more

सिर्फ एक प्रयोग और कुछ नहीं।

Then, if I am an experiment, am I the whole of it?
फिर, अगर मैं एक प्रयोग हूं, तो क्या मैं इसे पूरा कर रहा हूं?
No, I think I am not the whole experiment
नहीं, मुझे लगता है कि मैं पूरा प्रयोग नहीं कर रहा हूं।
I think the rest of it is part of the experiment too
मुझे लगता है कि बाकी यह भी प्रयोग का हिस्सा है।
I am the main part of the experiment
मैं प्रयोग का मुख्य हिस्सा हूं।
but I think the rest of it has its share in the matter
लेकिन मुझे लगता है कि बाकी का इस मामले में अपना हिस्सा है।
Is my position in the experiment assured?
क्या प्रयोग में मेरी स्थिति सुनिश्चित है?
or do I have to watch my position and take care of it?
या क्या मुझे अपनी स्थिति को देखना होगा और इसका ख्याल रखना होगा?
I think it is the latter, perhaps
मुझे लगता है कि यह उत्तरार्द्ध है, शायद।
Some instinct tells me guard my role
कुछ सहज वृत्ति मुझे अपनी भूमिका की रक्षा करने के लिए कहती है।
eternal vigilance is the price of supremacy
शाश्वत सतर्कता सर्वोच्चता की कीमत है
That is a good phrase, I think
यह एक अच्छा वाक्यांश है, मुझे लगता है।
it is especially good for someone so young
यह विशेष रूप से इतने युवा व्यक्ति के लिए अच्छा है।

Everything looks better today than it did yesterday
कल की तुलना में आज सब कुछ बेहतर दिख रहा है।
there had been a great rush of finishing up the mountains
पहाड़ों को खत्म करने की बहुत भीड़ थी।
so things had been left in a ragged condition
इसलिए चीजों को एक कठिन स्थिति में छोड़ दिया गया था।
and the open plains were so cluttered that
और खुले मैदान इतने अव्यवस्थित थे कि
all the aspects and proportions were quite distressing
सभी पहलू और अनुपात काफी परेशान करने वाले थे।
because they still had rubbish and remnants
क्योंकि उनके पास अभी भी कचरा और अवशेष थे

Noble and beautiful works of art should not be rushed
कला के महान और सुंदर कार्यों को जल्दबाजी नहीं की जानी चाहिए।

and this majestic new world is indeed a work of art
और यह राजसी नई दुनिया वास्तव में कला का एक काम है।

I can tell it has been made to be noble and beautiful
मैं कह सकता हूं कि इसे महान और सुंदर बनाने के लिए बनाया गया है।

and it is certainly marvellously near to being perfect
और यह निश्चित रूप से परिपूर्ण होने के आश्चर्यजनक रूप से करीब है।

notwithstanding the shortness of the time
समय की कमी के बावजूद

There are too many stars in some places
कुछ स्थानों पर बहुत सारे तारे हैं।

and there are not enough stars in other places
और अन्य स्थानों पर पर्याप्त तारे नहीं हैं।

but that can be remedied soon enough, no doubt
लेकिन इसे जल्द ही ठीक किया जा सकता है, इसमें कोई संदेह नहीं है।

The moon got loose last night and slid down
चंद्रमा कल रात ढीला हो गया और नीचे फिसल गया।

it fell out of the scheme
यह योजना से बाहर हो गया।

this was a very great loss
यह बहुत बड़ा नुकसान था।

it breaks my heart to think of it
इसके बारे में सोचकर मेरा दिल टूट जाता है।

among the ornaments and decorations it is unique
गहने और सजावट के बीच यह अद्वितीय है।

nothing is comparable to it for beauty and finish
सुंदरता और फिनिश के लिए इसकी तुलना कुछ भी नहीं है।

It should have been held in place better
इसे बेहतर तरीके से आयोजित किया जाना चाहिए था।

I wish we could get it back again
काश हम इसे फिर से वापस पा सकते हैं।

But there is no telling where it went to
लेकिन यह नहीं बताया गया है कि यह कहां गया।

And besides, whoever gets it will hide it
और इसके अलावा, जो भी इसे प्राप्त करता है वह इसे छिपा देगा।

I know it because I would do it myself
मुझे पता है क्योंकि मैं इसे खुद करूंगा।

I believe I can be honest in all other matters
मेरा मानना है कि मैं अन्य सभी मामलों में ईमानदार हो सकता हूं।

but I already begin to realize something;
लेकिन मैं पहले से ही कुछ महसूस करना शुरू कर देता हूं;

the core of my nature is love of the beautiful
मेरे स्वभाव का मूल सुंदर का प्यार है

I have a passion for the beautiful
मुझे सुंदर के लिए एक जुनून है
so it would not be safe to trust me with a moon
इसलिए चंद्रमा के साथ मुझ पर भरोसा करना सुरक्षित नहीं होगा।
I could give up a moon that I found in the daytime
मैं एक चंद्रमा छोड़ सकता था जो मुझे दिन में मिला था।
because I would be afraid someone was looking
क्योंकि मुझे डर था कि कोई देख रहा था
but if I found a moon in the dark I would keep it
लेकिन अगर मुझे अंधेरे में एक चंद्रमा मिला तो मैं इसे रखूंगा।
I am sure I could find some kind of an excuse
मुझे यकीन है कि मुझे किसी तरह का बहाना मिल सकता है।
I would find a way to not say anything about it
मैं इसके बारे में कुछ भी नहीं कहने का एक तरीका खोजूंगा।
because I do love moons
क्योंकि मैं चाँद ोें से प्यार करता हूँ
they are so pretty and so romantic
वे बहुत सुंदर और रोमांटिक हैं।
I wish we had five or six of them
काश हमारे पास उनमें से पांच या छह होते।
I would never go to bed
मैं कभी बिस्तर पर नहीं जाऊँगा।
I would never get tired lying on the moss-bank
मैं काई के किनारे पर लेटे हुए कभी नहीं थकता।
and I would always be looking up at them
और मैं हमेशा उन्हें देखता रहूंगा।

Stars are good, too
सितारे भी अच्छे हैं।

I wish I could get some to put in my hair
काश मुझे अपने बालों में लगाने के लिए कुछ मिल सकता था।

But I suppose I can never do that
लेकिन मुझे लगता है कि मैं ऐसा कभी नहीं कर सकता।

it's surprising how far away they are
यह आश्चर्य की बात है कि वे कितनी दूर हैं।

because they do not look like they're far away
क्योंकि वे ऐसा नहीं दिखते कि वे बहुत दूर हैं।

they first showed themselves last night
उन्होंने पहली बार कल रात खुद को दिखाया।

I tried to knock some down with a pole
मैंने एक खंभे से कुछ को नीचे गिराने की कोशिश की।
but it didn't reach, which astonished me;
लेकिन यह नहीं पहुंचा, जिसने मुझे आश्चर्यचकित कर दिया;
then I tried throwing clods at them
फिर मैंने उन पर कपड़े फेंकने की कोशिश की।
I tried this till I was all tired out
मैंने तब तक कोशिश की जब तक कि मैं थक नहीं गया।
but I never managed to get one
लेकिन मैं कभी भी एक पाने में कामयाब नहीं हुआ।
It must be because I am left-handed
ऐसा इसलिए होना चाहिए क्योंकि मैं बाएं हाथ का हूं।
because of this I cannot throw good
इस वजह से मैं अच्छा नहीं फेंक सकता।
though I did make some close shots
हालांकि मैंने कुछ करीबी शॉट लगाए।
I saw the black blot of the clod
मैंने क्लोड का काला धब्बा देखा।
it sailed right into the midst of the golden clusters
यह सुनहरे समूहों के ठीक बीच में चला गया।
I must have tried forty or fifty times
मैंने चालीस या पचास बार कोशिश की होगी।
and I just barely missed them
और मैंने उन्हें मुश्किल से याद किया।
perhaps I should have held out a little longer
शायद मुझे थोड़ी देर और रुकना चाहिए था।
and then I might have got one
और फिर मुझे एक मिल सकता था

So I cried a little, which was natural
इसलिए मैं थोड़ा रोया, जो स्वाभाविक था।
I suppose it is natural for one of my age
मुझे लगता है कि यह मेरी उम्र के एक के लिए स्वाभाविक है।
and after I was rested I got a basket
और जब मुझे आराम दिया गया तो मुझे एक टोकरी मिली।
I went to a hill on the extreme rim of the circle
मैं सर्कल के चरम रिम पर एक पहाड़ी पर गया।
there the stars should be closer to the ground
वहां सितारों को जमीन के करीब होना चाहिए।
perhaps if I was there I could get them
अगर मैं वहां होता तो शायद मैं उन्हें प्राप्त कर सकता था।

then I could get them with my hands
तब मैं उन्हें अपने हाथों से प्राप्त कर सकता था।

this would be better anyway
यह वैसे भी बेहतर होगा

because then I could gather them tenderly
क्योंकि तब मैं उन्हें कोमलता से इकट्ठा कर सकता था।

and I would not break them
और मैं उन्हें नहीं तोड़ूंगा।

But it was farther than I thought
लेकिन यह जितना मैंने सोचा था उससे कहीं अधिक दूर था।

and at last I had to give it up
और अंत में मुझे इसे छोड़ना पड़ा।

I was so tired from all my trying
मैं अपनी सभी कोशिशों से बहुत थक गया था।

I couldn't drag my feet another step
मैं अपने पैरों को एक और कदम नहीं खींच सकता था।

and besides, my feet were sore
और इसके अलावा, मेरे पैरों में दर्द हो रहा था।

and my feet hurt me very much
और मेरे पैरों ने मुझे बहुत चोट पहुंचाई।

I couldn't get back home
मैं घर वापस नहीं जा सका।

it was late, and turning cold
देर हो चुकी थी, और ठंड लग रही थी।

but I found some tigers
लेकिन मुझे कुछ बाघ मिले।

and I nestled in among them
और मैं उनके बीच में बैठ गया।

and it was most adorably comfortable
और यह सबसे अविश्वसनीय रूप से आरामदायक था।

and their breath was sweet and pleasant
और उनकी साँसें मीठी और सुखद थीं।

because they live on a diet of strawberries

क्योंकि वे स्ट्रॉबेरी के आहार पर रहते हैं।
I had never seen a tiger before
मैंने पहले कभी बाघ नहीं देखा था।
but I knew straight away by their stripes
लेकिन मैं सीधे उनकी धारियों से जानता था।
If only I could have one of those skins
काश मेरे पास उन खालों में से एक हो सकता था।
it would make a lovely gown
यह एक सुंदर गाउन बना देगा

Today I am getting better ideas about distances
आज मुझे दूरियों के बारे में बेहतर विचार मिल रहे हैं।

I was so eager to get hold of every pretty thing
मैं हर सुंदर चीज को पकड़ने के लिए बहुत उत्सुक था।
I was so eager that I giddily grabbed for it
मैं इतना उत्सुक था कि मैंने उत्सुकता से इसे पकड़ लिया।
sometimes I grabbed for it when it was too far away
कभी-कभी मैं इसके लिए तब पकड़ लेता था जब यह बहुत दूर होता था।
and I grabbed for it when it was but six inches away
और मैंने इसे तब पकड़ा जब यह सिर्फ छह इंच दूर था।
I even grabbed for it when it was between thorns!
जब यह कांटों के बीच था तो मैंने भी इसे पकड़ लिया!
I learned a lesson and I made an axiom
मैंने एक सबक सीखा और मैंने एक स्वयंसिद्ध सिद्धांत बनाया।
I made it all out of my own head
मैंने यह सब अपने सिर से किया।
it is my very first one
यह मेरा पहला है।
THE SCRATCHED EXPERIMENT SHUNS THE THORN
खरोंच किया गया प्रयोग कांटे से दूर हो जाता है।
I think it is a very good axiom for one so young
मुझे लगता है कि यह इतने युवा के लिए एक बहुत अच्छा सिद्धांत है।

last afternoon I followed the other experiment around
कल दोपहर मैंने दूसरे प्रयोग का पालन किया।
I kept a distance, to see what it might be for
मैंने एक दूरी बनाए रखी, यह देखने के लिए कि यह किस लिए हो सकता है।
But I was not able to establish its use
लेकिन मैं इसके उपयोग को स्थापित करने में सक्षम नहीं था।
I think it is a man
मुझे लगता है कि यह एक आदमी है
I had never seen a man
मैंने कभी किसी आदमी को नहीं देखा था।
but it looked like a man

लेकिन यह एक आदमी की तरह लग रहा था।
and I feel sure that that is what it is
और मुझे यकीन है कि यह वही है जो यह है।
I realized something strange about this man
मुझे इस आदमी के बारे में कुछ अजीब महसूस हुआ।
I feel more curiosity about it than the other reptiles
मुझे अन्य सरीसृपों की तुलना में इसके बारे में अधिक जिज्ञासा महसूस होती है।
I'm assuming it is a reptile
मुझे लगता है कि यह एक सरीसृप है।
because it has frowzy hair and blue eyes
क्योंकि इसमें घुंघराले बाल और नीली आंखें होती हैं।
and it looks like a reptile
और यह एक सरीसृप की तरह दिखता है
It has no hips and tapers like a carrot when it stands
इसमें कोई कूल्हे नहीं होते हैं और जब यह खड़ा होता है तो गाजर की तरह पतला होता है।
it spreads itself apart like a derrick
यह एक डेरिक की तरह खुद को अलग करता है।
so I think it is a reptile
तो मुझे लगता है कि यह एक सरीसृप है।
although it may be architecture
हालांकि यह वास्तुकला हो सकता है

- 53 -

I was afraid of it at first
पहले मैं इससे डरता था।

and I started to run every time it turned around
और मैंने हर बार मुड़ने पर दौड़ना शुरू कर दिया।

because I thought it was going to chase me
क्योंकि मुझे लगा कि यह मेरा पीछा करने जा रहा था।

but by and by I found it was only trying to get away
लेकिन धीरे-धीरे मैंने पाया कि यह केवल दूर जाने की कोशिश कर रहा था।

so after that I was not timid any more
इसलिए उसके बाद मैं डरपोक नहीं रहा।

but I tracked behind it by about twenty yards
लेकिन मैंने इसके पीछे लगभग बीस गज की दूरी तय की।

I tracked it for several hours
मैंने इसे कई घंटों तक ट्रैक किया।
this made it nervous and unhappy
इससे वह घबरा गया और दुखी हो गया।
At last it was a good deal worried, and climbed a tree
अंत में यह एक अच्छा सौदा था, और एक पेड़ पर चढ़ गया।
I waited a good while
मैंने थोड़ी देर इंतजार किया।
Then I gave it up and went home
फिर मैंने इसे छोड़ दिया और घर चला गया।

SUNDAY - रविवार

Today the same thing happened
आज भी ऐसा ही हुआ।

I got it up the tree again
मैंने इसे फिर से पेड़ पर उठा लिया।

It is still up there
यह अभी भी वहां ऊपर है

and it is resting, apparently
और यह आराम कर रहा है, जाहिर ा तौर पर

But that is a subterfuge
लेकिन यह एक बहाना है।

Sunday isn't the day of rest
रविवार आराम का दिन नहीं है।

Saturday is appointed for that
इसके लिए शनिवार का दिन तय किया गया है।

It looks to me like a strange creature
यह मुझे एक अजीब प्राणी की तरह दिखता है।

it is more interested in resting than in anything else
यह किसी और चीज की तुलना में आराम करने में अधिक रुचि रखता है।

It would tire me to rest so much
यह मुझे इतना आराम करने के लिए थका देगा

It tires me just to sit around and watch the tree
यह मुझे चारों ओर बैठने और पेड़ को देखने के लिए थका देता है।

I do wonder what it is for
मुझे आश्चर्य है कि यह किस लिए है

I never see it do anything
मैंने इसे कभी कुछ करते हुए नहीं देखा।

They returned the moon last night
उन्होंने कल रात चाँद को लौटा दिया।
and I was SO happy!
और मैं बहुत खुश था!
I think it is very honest of them
मुझे लगता है कि यह उनके बारे में बहुत ईमानदार है।
It slid down and fell off again
वह नीचे फिसल गया और फिर से गिर गया।
but I was not distressed
लेकिन मैं परेशान नहीं था।
there is no need to worry
चिंता करने की कोई जरूरत नहीं है।

when one has such kind neighbours, they will fetch it back
जब किसी के पास ऐसे दयालु पड़ोसी होते हैं, तो वे इसे वापस लाएंगे।

I wish I could do something to show my appreciation
काश मैं अपनी प्रशंसा दिखाने के लिए कुछ कर सकता

I would like to send them some stars
मैं उन्हें कुछ सितारे भेजना चाहता हूं।

because we have more than we can use
क्योंकि हमारे पास उपयोग करने से अधिक है

I do mean to say I, not we
मेरा मतलब है कि मैं, हम नहीं।

I can see that the reptile cares nothing for such things
मैं देख सकता हूं कि सरीसृप ऐसी चीजों के लिए कुछ भी परवाह नहीं करता है।

It has low tastes and it is not kind
इसका स्वाद कम है और यह दयालु नहीं है।

I went there yesterday evening
मैं कल शाम वहां गया था।

in the evening it had crept down
शाम को यह नीचे गिर गया था।

and it was trying to catch the little speckled fishes
और यह छोटी धब्बेदार मछलियों को पकड़ने की कोशिश कर रहा था।

the little fishes that play in the pool
छोटी मछलियां जो पूल में खेलती हैं

and I had to clod it
और मुझे इसे ढंकना पड़ा।

in order to make it go up the tree again
ताकि इसे फिर से पेड़ पर ले जाया जा सके।

and then it left them alone
और फिर उन्हें अकेला छोड़ दिया।

I wonder if that is what it is for?
मुझे आश्चर्य है कि क्या यह इसके लिए है?

Hasn't it any heart?

क्या यह कोई दिल नहीं है?

Hasn't it any compassion for the little creature?

क्या यह छोटे प्राणी के लिए कोई दया नहीं है?

was it designed and manufactured for such ungentle work?

क्या इसे इस तरह के असभ्य काम के लिए डिज़ाइन और निर्मित किया गया था?

It has the look of being made for silly things

इसमें मूर्खतापूर्ण चीजों के लिए बने होने का लुक है।

One of the clods hit the back of its ear

उनमें से एक क्लॉड उसके कान के पिछले हिस्से में लगा।

and it used language, which gave me a thrill

और इसमें भाषा का इस्तेमाल किया गया, जिसने मुझे रोमांच दिया।

for it was the first time I had ever heard speech

क्योंकि यह पहली बार था जब मैंने कभी भाषण सुना था।

it was the first speech I heard except my own

यह पहला भाषण था जो मैंने अपने भाषण को छोड़कर सुना था।

I did not understand the words

मैं शब्दों को समझ नहीं पाया।

but the words seemed expressive

लेकिन शब्द अभिव्यंजक लग रहे थे।

When I found it could talk I felt a new interest in it
जब मैंने पाया कि यह बात कर सकता है तो मुझे इसमें एक नई रुचि महसूस हुई।
because I love to talk more than anything
क्योंकि मुझे किसी भी चीज से ज्यादा बात करना पसंद है।
I like to talk all day
मुझे पूरे दिन बात करना पसंद है।
and in my sleep I talk too
नींद में मैं भी बोलता हूँ
and I am very interesting
और मैं बहुत दिलचस्प हूँ
but if I had another to talk to I could be twice as interesting
लेकिन अगर मेरे पास बात करने के लिए एक और था तो मैं दोगुना दिलचस्प हो सकता था।
and I would never stop talking
और मैं कभी बात करना बंद नहीं करूंगा।

If this reptile is a man, it isn't an it, is it?
यदि यह सरीसृप एक आदमी है, तो यह एक आदमी नहीं है, है ना?

That wouldn't be grammatical, would it?
यह व्याकरणिक नहीं होगा, है ना?

I think it would be he
मुझे लगता है कि यह वह होगा

In that case one would parse it thus:
उस स्थिति में कोई इसे इस प्रकार पार्स करेगा:

nominative; he
कर्ताकारक; वह

dative; him
डेटिव; उसे

possessive; his
स्वत्वबोधक; उसका

Well, I will consider it a man
खैर, मैं इसे एक आदमी मानूंगा।

and I will call it he until it turns out to be something else
और मैं इसे तब तक कहूंगा जब तक कि यह कुछ और न हो जाए।

This will be handier than having so many uncertainties
यह इतनी अनिश्चितताओं की तुलना में आसान होगा।

NEXT WEEK SUNDAY
अगले सप्ताह रविवार

All the week I tagged around after him
पूरे हफ्ते मैं उसके पीछे घूमता रहा।

and I tried to get acquainted with him
और मैंने उससे परिचित होने की कोशिश की।

I had to do the talking because he was shy
मुझे बात करनी पड़ी क्योंकि वह शर्मीला था।

but I didn't mind talking
लेकिन मुझे बात करने में कोई आपत्ति नहीं थी।

He seemed pleased to have me around
वह मुझे चारों ओर पाकर खुश लग रहा था।

and I used the sociable 'we' a good deal
और मैंने मिलनसार 'हम' का अच्छा इस्तेमाल किया।

because it seemed to flatter him to be included
क्योंकि उसे शामिल किया जाना चापलूसी लग रहा था

WEDNESDAY - बुधवार

We are getting along very well now
अब हम बहुत अच्छे से मिल रहे हैं।

and we're getting better and better acquainted
और हम बेहतर और बेहतर परिचित हो रहे हैं

He does not try to avoid me any more, which is a good sign
वह अब मुझसे बचने की कोशिश नहीं करता, जो एक अच्छा संकेत है।

and it shows that he likes to have me with him, which pleases me
और यह दर्शाता है कि वह मुझे अपने साथ रखना पसंद करता है, जो मुझे खुश करता है।

and I study to be useful to him
और मैं उसके लिए उपयोगी होने के लिए अध्ययन करता हूं।

I want to be useful in every way I can
मैं हर तरह से उपयोगी होना चाहता हूं।

so as to increase his regard of me
ताकि मेरे प्रति उसका सम्मान बढ़े।

During the last day or two
अंतिम दिन या दो के दौरान

I have taken all the work of naming things off his hands
मैंने चीजों के नामकरण का सारा काम उनके हाथों से छीन लिया है।

and this has been a great relief to him
और यह उसके लिए एक बड़ी राहत रही है।

for he has no gift in that line of work
क्योंकि काम की उस पंक्ति में उसका कोई उपहार नहीं है।

and he is evidently very grateful
और वह स्पष्ट रूप से बहुत आभारी है।

He can't think of a rational name to save himself
वह खुद को बचाने के लिए एक तर्कसंगत नाम के बारे में नहीं सोच सकता है।

but I do not let him see that I am aware of his defect
लेकिन मैं उसे यह देखने नहीं देता कि मुझे उसके दोष के बारे में पता है।

Whenever a new creature comes along I name it
जब भी कोई नया प्राणी साथ आता है, मैं उसका नाम लेता हूं।

before he has time to expose himself by an awkward silence
इससे पहले कि उसके पास एक अजीब चुप्पी से खुद को उजागर करने का समय हो।

In this way I have saved him many embarrassments
इस तरह मैंने उसे कई शर्मिंदगी से बचाया है।

I have no defect like this
मुझमें इस तरह का कोई दोष नहीं है।

The minute I set eyes on an animal I know what it is
जिस क्षण मैं एक जानवर पर नज़र डालता हूं, मुझे पता है कि यह क्या है।

I don't have to reflect even for a moment
मुझे एक पल के लिए भी चिंतन करने की जरूरत नहीं है।

the right name comes out instantly
सही नाम तुरंत सामने आता है।

just as if it were an inspiration
जैसे कि यह एक प्रेरणा थी।

I have no doubt it is
मुझे कोई संदेह नहीं है कि यह है
because I am sure it wasn't in me half a minute before
क्योंकि मुझे यकीन है कि यह आधे मिनट पहले मेरे अंदर नहीं था।
I seem to know just by the shape of the creature
मुझे लगता है कि मैं सिर्फ प्राणी के आकार से जानता हूं।
and I know from the way it acts what animal it is
और जिस तरह से यह कार्य करता है उससे मुझे पता है कि यह कौन सा जानवर है।

When the dodo came along he thought it was a wildcat
जब डोडो साथ आया तो उसने सोचा कि यह एक जंगली बिल्ली थी।
I saw it in his eyes

मैंने उसे उसकी आँखों में देखा।

But I saved him from embarrassment
लेकिन मैंने उसे शर्मिंदगी से बचा लिया।

I was careful not to do it in a way that could hurt his pride
मैं सावधान था कि इसे इस तरह से न करें जो उसके गौरव को चोट पहुंचा सके।

I just spoke up as if pleasantly surprised
मैं बस ऐसे बोला जैसे सुखद आश्चर्य हो।

I didn't speak as if I was dreaming of conveying information
मैंने ऐसे बात नहीं की जैसे मैं जानकारी देने का सपना देख रहा था।

"Well, I do declare, if there isn't the dodo!"
"ठीक है, मैं घोषणा करता हूं, अगर डोडो नहीं है!

I explained without seeming to be explaining
मैंने बिना समझाए समझाया।

I explained how I knew it was a dodo
मैंने समझाया कि मुझे कैसे पता था कि यह एक डोडो था।

I thought maybe he was a little piqued
मैंने सोचा कि शायद वह थोड़ा परेशान था।

I knew the creature when he didn't
मैं प्राणी को जानता था जब वह नहीं जानता था।

but it was quite evident that he admired me
लेकिन यह काफी स्पष्ट था कि वह मेरी प्रशंसा करता था।

That was very agreeable
यह बहुत ही स्वीकार्य था।

and I thought of it more than once with gratification before I slept
और मैंने सोने से पहले संतुष्टि के साथ एक से अधिक बार इसके बारे में सोचा।

How little a thing can make us happy
कितनी छोटी सी चीज हमें खुश कर सकती है

we're happy when we feel that we have earned it!
हम खुश हैं जब हमें लगता है कि हमने इसे अर्जित किया है!

THURSDAY - गुरूवार
my first sorrow
मेरा पहला दुख
Yesterday he avoided me
कल उसने मुझे टाल दिया।
and he seemed to wish I would not talk to him
और वह चाहता था कि मैं उससे बात न करूं।
I could not believe it
मुझे विश्वास नहीं हो रहा था
and I thought there was some mistake
और मुझे लगा कि कुछ गलती हुई है।
because I loved to be with him
क्योंकि मैं उसके साथ रहना पसंद करता था।

and loved to hear him talk
और उसे बात करते सुनना पसंद था।
and so how could it be that he could feel unkind toward me?
और तो यह कैसे हो सकता है कि वह मेरे प्रति निर्दयी महसूस कर सकता है?
I had not done anything wrong
मैंने कुछ भी गलत नहीं किया था।
But it seemed true, so I went away
लेकिन यह सच लग रहा था, इसलिए मैं चला गया।
and I sat lonely in the place where I first saw him
और मैं उस जगह पर अकेला बैठ गया जहाँ मैंने उसे पहली बार देखा था।
on the morning that we were made
जिस सुबह हमें बनाया गया था
when I did not know what he was
जब मुझे नहीं पता था कि वह क्या था
when I was still indifferent about him
जब मैं अभी भी उसके बारे में उदासीन था
but now it was a mournful place
लेकिन अब यह एक शोक पूर्ण जगह थी।
and every little thing spoke of him
और हर छोटी बात उसके बारे में बोलती थी।
and my heart was very sore
और मेरा दिल बहुत दुखी था
I did not really know why I was feeling like this
मुझे वास्तव में नहीं पता था कि मैं ऐसा क्यों महसूस कर रहा था।
because it was a new feeling
क्योंकि यह एक नई भावना थी।
I had not experienced it before
मैंने इसे पहले अनुभव नहीं किया था।
and it was all a mystery to me
और यह सब मेरे लिए एक रहस्य था।
and I could not make sense of it
और मैं इसे समझ नहीं सका।

But when night came I could not bear the lonesomeness
लेकिन जब रात हुई तो मैं अकेलापन सहन नहीं कर सका।

I went to the new shelter which he had built
मैं उस नए आश्रय में गया जिसे उसने बनाया था।

I went to ask him what I had done that was wrong
मैं उनसे पूछने गया कि मैंने ऐसा क्या किया है जो गलत है।

and I wanted to know how I could mend it
और मैं जानना चाहता था कि मैं इसे कैसे सुधार सकता हूं।

I wanted to get back his kindness again
मैं फिर से उसकी दयालुता वापस पाना चाहता था।
but he put me out in the rain
लेकिन उसने मुझे बारिश में फेंक दिया।
and it was my first sorrow
और यह मेरा पहला दुख था।

SUNDAY - रविवार

It is pleasant again and now I am happy
यह फिर से सुखद है और अब मैं खुश हूं।
but those were heavy days
लेकिन वे भारी दिन थे।
I do not think of those days when I can help it
मैं उन दिनों के बारे में नहीं सोचता जब मैं इसकी मदद कर सकता हूं।

I tried to get him some of those apples
मैंने उसे उन सेबों में से कुछ लाने की कोशिश की।

but I cannot learn to throw straight
लेकिन मैं सीधे फेंकना नहीं सीख सकता।

I failed, but I think the good intention pleased him
मैं असफल रहा, लेकिन मुझे लगता है कि अच्छे इरादे ने उसे खुश किया।

They are forbidden
उन्हें मना किया जाता है।

and he says I would come to harm if I ate one
और वह कहता है कि अगर मैंने एक खाया तो मुझे नुकसान होगा।

but then I would come to harm through pleasing him
लेकिन फिर मैं उसे खुश करने के माध्यम से नुकसान पहुंचाऊंगा।

why should I care for that harm?
मुझे उस नुकसान की परवाह क्यों करनी चाहिए?

MONDAY - सोमवार

This morning I told him my name
आज सुबह मैंने उसे अपना नाम बताया।

I hoped it would interest him
मुझे उम्मीद थी कि यह उसे दिलचस्प लगेगा।

But he did not care for it, which is strange
लेकिन उन्होंने इसकी परवाह नहीं की, जो अजीब है।

If he should tell me his name I would care
अगर वह मुझे अपना नाम बताता है तो मुझे परवाह होगी।

I think it would be pleasanter in my ears than any other sound
मुझे लगता है कि यह किसी भी अन्य ध्वनि की तुलना में मेरे कानों में सुखद होगा।

He talks very little
वह बहुत कम बोलता है।
Perhaps it is because he is not bright
शायद ऐसा इसलिए है क्योंकि वह उज्ज्वल नहीं है।
and maybe he is sensitive about his intellect
और शायद वह अपनी बुद्धि के बारे में संवेदनशील है।
it could be that he wishes to conceal it
यह हो सकता है कि वह इसे छिपाना चाहता है।
It is such a pity that he should feel this way

यह कितनी अफ़सोस की बात है कि वह इस तरह महसूस कर रहा है।
because intelligence is nothing
क्योंकि बुद्धि कुछ भी नहीं है।
it is in the heart that the values lie
यह दिल में है कि मूल्य निहित हैं।
I wish I could make him understand
काश मैं उसे समझा पाता।
a loving good heart is riches
एक प्यार करने वाला अच्छा दिल धन है
intellect without a good heart is poverty
अच्छे दिल के बिना बुद्धि गरीबी है
Although he talks so little, he has quite a considerable vocabulary
यद्यपि वह बहुत कम बात करता है, लेकिन उसके पास काफी शब्दावली है।
This morning he used a surprisingly good word
आज सुबह उन्होंने आश्चर्यजनक रूप से अच्छे शब्द का इस्तेमाल किया।
He evidently recognized that it was a good one
उन्होंने स्पष्ट रूप से पहचान लिया कि यह एक अच्छा था।
because he made sure to use the word a couple more times
क्योंकि उन्होंने इस शब्द का उपयोग एक-दो बार करना सुनिश्चित किया।
it showed that he possesses a certain quality of perception
इससे पता चला कि उसके पास धारणा का एक निश्चित गुण है।
Without a doubt that seed can be made to grow, if cultivated
बिना किसी संदेह के कि बीज को उगाया जा सकता है, अगर खेती की जाती है।
Where did he get that word?
उसे यह शब्द कहां से मिला?
I do not think I have ever used that word
मुझे नहीं लगता कि मैंने कभी इस शब्द का इस्तेमाल किया है।
No, he took no interest in my name
नहीं, उसने मेरे नाम में कोई दिलचस्पी नहीं ली।
I tried to hide my disappointment

मैंने अपनी निराशा छिपाने की कोशिश की।
but I suppose I did not succeed
लेकिन मुझे लगता है कि मैं सफल नहीं हुआ।

I went away and sat on the moss-bank
मैं चला गया और काई के किनारे पर बैठ गया।

and I put my feet into the water
और मैंने अपने पैर पानी में डाल दिए।

It is where I go when I hunger for companionship
यह वह जगह है जहां मैं जाता हूं जब मैं साहचर्य के लिए भूखा होता हूं।

when I want someone to look at
जब मैं चाहता हूं कि कोई देखे

when I want someone to talk to
जब मैं किसी से बात करना चाहता हूं

the lovely white body painted in the pool is not enough
पूल में चित्रित सुंदर सफेद शरीर पर्याप्त नहीं है।

but it is something, at least
लेकिन यह कुछ है, कम से कम
and something is better than utter loneliness
और कुछ पूरी तरह से अकेलेपन से बेहतर है
It talks when I talk
जब मैं बात करता हूं तो बात करता हूं।
it is sad when I am sad
जब मैं दुखी होता हूं तो दुख होता है।
it comforts me with its sympathy
यह मुझे अपनी सहानुभूति से आराम देता है।
it says, "Do not be downhearted, you poor friendless girl"
इसमें लिखा है, "निराश मत बनो, तुम गरीब मित्रहीन लड़की"
"I will be your friend"
"मैं तुम्हारा दोस्त बनूंगा"
It is a good friend to me
यह मेरे लिए एक अच्छा दोस्त है।
it is my only friend and my sister
यह मेरा एकमात्र दोस्त और मेरी बहन है।

I shall never forget first time she forsook me!
मैं कभी नहीं भूलूंगा जब उसने पहली बार मुझे माफ कर दिया था!
My heart was heavy in my body!

मेरा दिल मेरे शरीर में भारी था!
I said, "She was all I had"
मैंने कहा, "वह सब मेरे पास था"
"and now she is gone!"
"और अब वह चला गया है!
In my despair I said "Break, my heart"
मेरी निराशा में मैंने कहा "टूट जाओ, मेरा दिल"
"I cannot bear my life any more!"
"मैं अपने जीवन को और सहन नहीं कर सकता!
and I hid my face in my hands
और मैंने अपना चेहरा अपने हाथों में छिपा लिया।
and there was no solace for me
और मेरे लिए कोई सांत्वना नहीं थी।
And when I took my hands away from my face
और जब मैंने अपने हाथों को अपने चेहरे से दूर कर दिया
and after a little, there she was again
थोड़ी देर बाद, वह फिर से वहां था।
white and shining and beautiful
सफेद और चमकदार और सुंदर
and I sprang into her arms
और मैं उसकी बाहों में कूद गया।

That was perfect happiness
यह बिल्कुल खुशी थी।

I had known happiness before, but it was not like this
मैं खुशी को पहले से जानता था, लेकिन ऐसा नहीं था।

this happiness was ecstasy
यह खुशी परमानंद थी।

I never doubted her afterwards
इसके बाद मैंने उस पर कभी शक नहीं किया।

Sometimes she stayed away for perhaps an hour
कभी-कभी वह शायद एक घंटे के लिए दूर रहता था।

maybe she was gone almost the whole day
शायद वह लगभग पूरे दिन गायब था।

but I waited and I did not doubt her return
लेकिन मैंने इंतजार किया और मुझे उसकी वापसी पर संदेह नहीं था।

I said, "She is busy" or "she is gone on a journey"
मैंने कहा, "वह व्यस्त है" या "वह एक यात्रा पर गई है"।

but I know she will come back, and she always did
लेकिन मुझे पता है कि वह वापस आ जाएगी, और उसने हमेशा किया।

At night she would not come if it was dark
रात में अंधेरा होने पर वह नहीं आती थी।

because she was a timid little thing
क्योंकि वह एक डरपोक छोटी चीज थी।

but if there was a moon she would come
लेकिन अगर कोई चाँद होता तो वह आ जाती।

I am not afraid of the dark
मैं अंधेरे से नहीं डरता।

but she is younger than I am
लेकिन वह मुझसे छोटी है।

she was born after I was
वह मेरे जन्म के बाद पैदा हुआ था

Many and many are the visits I have paid her
कई और कई दौरे हैं जो मैंने उसे भुगतान किए हैं।

she is my comfort and refuge when my life is hard

जब मेरा जीवन कठिन होता है तो वह मेरा आराम और आश्रय होती है।
and my life is mainly made from hard moments
और मेरा जीवन मुख्य रूप से कठिन क्षणों से बना है।

TUESDAY - मंगलवार

All the morning I was at work improving the estate
पूरी सुबह मैं संपत्ति में सुधार करने के काम पर था।
and I purposely kept away from him
और मैं जानबूझकर उससे दूर रहा।
in the hope that he would get lonely and come
इस उम्मीद में कि वह अकेला हो जाएगा और आ जाएगा
But he did not come to me
लेकिन वह मेरे पास नहीं आया।
At noon I stopped for the day
दोपहर में मैं दिन के लिए रुक गया।
and I took my recreation
और मैंने अपना मनोरंजन किया
I flitted about with the bees and the butterflies
मैं मधुमक्खियों और तितलियों के साथ घूम रहा था।
and I revelled in the flowers
और मैं फूलों में आनंद लिया।
those beautiful happy little creatures
उन सुंदर खुश छोटे प्राणियों
they catch the smile of God out of the sky
वे आकाश से परमेश्वर की मुस्कान को पकड़ते हैं।
and they preserve the smile!
और वे मुस्कान को संरक्षित करते हैं!
I gathered them and made them into wreaths
मैंने उन्हें इकट्ठा किया और उन्हें पुष्पांजलि में बनाया।
and I clothed myself in flowers
और मैंने खुद को फूलों में कपड़े पहनाए।
I ate my luncheon; apples

मैंने अपना दोपहर का भोजन खाया; सेब
of course; then I sat in the shade
बेशक; फिर मैं छाया में बैठ गया।
and I wished and waited
और मैंने कामना की और इंतजार किया।
But he did not come
लेकिन वह नहीं आया।

But it is of no loss
लेकिन इससे कोई नुकसान नहीं हुआ है।
Nothing would have come of it
इससे कुछ नहीं हुआ होगा।
because he does not care for flowers
क्योंकि वह फूलों की परवाह नहीं करता है।
He called them rubbish

उन्होंने उन्हें बकवास कहा।
and he cannot tell one from another
और वह एक दूसरे को बता नहीं सकता
and he thinks it is superior to feel like that
और वह सोचता है कि ऐसा महसूस करना बेहतर है।
He does not care for me, flowers
वह मेरी परवाह नहीं करता, फूल।
nor does he care for the painted sky in the evening
न ही वह शाम को चित्रित आकाश की परवाह करता है।
is there anything he does care for?
क्या ऐसा कुछ है जिसकी वह परवाह करता है?
he cares for nothing except building shacks
वह झोंपड़ी बनाने के अलावा किसी और चीज की परवाह नहीं करता है।
he builds them to coop himself up
वह उन्हें खुद को तैयार करने के लिए बनाता है।
but he's away from the good clean rain
लेकिन वह अच्छी साफ बारिश से दूर है।
and he does not sample the fruits
और वह फलों का नमूना नहीं लेता है।

I laid a dry stick on the ground
मैंने जमीन पर एक सूखी छड़ी रखी।

and I tried to bore a hole in it with another one
और मैंने दूसरे के साथ इसमें एक छेद करने की कोशिश की।

in order to carry out a scheme that I had
एक योजना को पूरा करने के लिए जो मेरे पास थी

and soon I got an awful fright
और जल्द ही मुझे एक भयानक डर मिला।

A thin, transparent bluish film rose out of the hole
छेद से एक पतली, पारदर्शी नीली फिल्म निकली।

and I dropped everything and ran
और मैंने सब कुछ छोड़ दिया और भाग गया।

I thought it was a spirit
मैंने सोचा कि यह एक आत्मा थी।

and I was so frightened!
और मैं बहुत डर गया था!

But I looked back and it was not coming;
लेकिन मैंने पीछे मुड़कर देखा और यह नहीं आ रहा था;

so I leaned against a rock
इसलिए मैं एक चट्टान पर झुक गया।

and I rested and panted
और मैं आराम करने लगा और हांफने लगा।

and I let my limbs go on trembling
और मैंने अपने अंगों को कांपते रहने दिया।

finally they were steady again
अंत में वे फिर से स्थिर हो गए।

then I crept warily back
फिर मैं चुपचाप वापस आ गया।

I was alert, watching, and ready to fly
मैं सतर्क था, देख रहा था, और उड़ने के लिए तैयार था।

I would run if there was occasion
अगर मौका मिलता तो मैं दौड़ता।

when I was near I parted the branches of a rose-bush

जब मैं पास था, मैंने गुलाब की झाड़ी की शाखाओं को अलग कर दिया।
and I peeped through the rose-bush
और मैंने गुलाब-झाड़ी के माध्यम से झाँका।
and I wished the man was about
और काश वह आदमी इसके बारे में था
I was looking so cunning and pretty
मैं बहुत चालाक और सुंदर लग रहा था।
but the spirit was gone
लेकिन आत्मा चली गई थी।
I went where the spirit was
मैं वहां गया जहां आत्मा थी।
there was a pinch of delicate pink dust in the hole
छेद में नाजुक गुलाबी धूल की एक चुटकी थी।
I put my finger in to feel it
मैंने इसे महसूस करने के लिए अपनी उंगली अंदर डाल दी।
and I said "ouch!"
और मैंने कहा "आउच!
and I took it out again
और मैंने इसे फिर से बाहर निकाला।
It was a cruel pain
यह एक क्रूर दर्द था।
I put my finger in my mouth
मैंने अपनी उंगली अपने मुंह में डाल ली।
I stood on one foot and then the other, grunting
मैं एक पैर पर खड़ा था और फिर दूसरे पैर पर, लड़खड़ाता हुआ।
I presently eased my misery
मैंने अब अपने दुख को कम कर दिया है।
then I was full of interest and I began to examine
फिर मैं रुचि से भरा था और मैंने जांच करना शुरू कर दिया।

- 83 -

I was curious to know what the pink dust was
मैं यह जानने के लिए उत्सुक था कि गुलाबी धूल क्या थी।

Suddenly the name of it occurred to me
अचानक इसका नाम मेरे दिमाग में आया।

I had never heard of it before
मैंने इसके बारे में पहले कभी नहीं सुना था।

but I knew it was FIRE!
लेकिन मुझे पता था कि यह आग थी!

I was as certain of it
मैं इसके बारे में निश्चित था।

as certain as a person could be of anything in the world
एक व्यक्ति दुनिया में किसी भी चीज के बारे में निश्चित हो सकता है।

So without hesitation I named it that — fire
तो बिना किसी हिचकिचाहट के मैंने इसे नाम दिया - आग।

I had created something that didn't exist before
मैंने कुछ ऐसा बनाया था जो पहले मौजूद नहीं था।
I had added a new thing to the world
मैंने दुनिया में एक नई चीज जोड़ दी थी।
this world full of uncountable phenomena
बेशुमार घटनाओं से भरी यह दुनिया
I realized this and I was proud of my achievement
मुझे इसका एहसास हुआ और मुझे अपनी उपलब्धि पर गर्व था।
and was going to run and find him
और दौड़कर उसे ढूंढने जा रहा था।
I wanted tell him about it
मैं उसे इसके बारे में बताना चाहता था।
I thought it might raise myself in his esteem

मैंने सोचा कि यह खुद को उनके सम्मान में बढ़ा सकता है।

but I reflected on it

लेकिन मैंने इस पर विचार किया।

and I did not do it

और मैंने ऐसा नहीं किया।

No, he would not care for it

नहीं, वह इसकी परवाह नहीं करेगा।

He would ask what it was good for

वह पूछता था कि यह किस के लिए अच्छा है।

and what could I answer?

और मैं क्या जवाब दे सकता हूं?

it was not good for something, it was merely beautiful

यह किसी चीज के लिए अच्छा नहीं था, यह केवल सुंदर था।

So I sighed, and I did not go
तो मैंने आह भरी, और मैं नहीं गया।

Because it wasn't good for anything
क्योंकि यह किसी भी चीज के लिए अच्छा नहीं था।

it could not build a shack
यह एक झोंपड़ी का निर्माण नहीं कर सका।

it could not improve melon
यह तरबूज में सुधार नहीं कर सका।

it could not hurry a fruit crop
यह एक फल की फसल को जल्दी नहीं कर सकता था

it was useless and foolish vanity
यह बेकार और मूर्खतापूर्ण घमंड था।

he would despise it and say cutting words
वह इसका तिरस्कार करता था और शब्दों को काटता था।

But to me it was not despicable
लेकिन मेरे लिए यह घृणित नहीं था।

I said, "Oh, you fire, I love you"
मैंने कहा, "ओह, तुम आग लगाते हो, मैं तुमसे प्यार करता हूँ"

"you dainty pink creature, you are BEAUTIFUL"
"तुम गुलाबी प्राणी हो, तुम सुंदर हो"

"and being beautiful is enough!"
"और सुंदर होना पर्याप्त है!

and I was going to gather it to my breast, but refrained
और मैं इसे अपने स्तन पर इकट्ठा करने जा रहा था, लेकिन परहेज किया।

Then I thought of another maxim
फिर मैंने एक और कहावत के बारे में सोचा।

it was very similar to the first one
यह पहले वाले के समान था।

I was afraid it was a plagiarism
मुझे डर था कि यह साहित्यिक चोरी थी।

"THE BURNT EXPERIMENT SHUNS THE FIRE"
"जला हुआ प्रयोग आग से दूर रहता है"

I repeated my experiment

मैंने अपना प्रयोग दोहराया।

I had made a good deal of fire-dust
मैंने आग-धूल का एक अच्छा सौदा किया था।

and I emptied it into a handful of dry brown grass
और मैंने इसे मुट्ठी भर सूखी भूरे रंग की घास में खाली कर दिया।

I was intending to carry it home
मैं इसे घर ले जाने का इरादा कर रहा था।

and I wanted to keep it and play with it
और मैं इसे रखना चाहता था और इसके साथ खेलना चाहता था।

but the wind struck it and it sprayed up
लेकिन हवा ने इसे मारा और यह छिड़क गया।

and it spat out at me fiercely
और उसने मुझ पर जमकर थूका।

and I dropped it and ran
और मैंने उसे गिरा दिया और भाग गया।

When I looked back the blue spirit was towering up
जब मैंने पीछे मुड़कर देखा तो नीली आत्मा उमड़ रही थी।

and it was stretching and rolling away like a cloud
और यह बादल की तरह फैल रहा था और दूर लुढ़क रहा था।

and instantly I thought of the name of it — SMOKE!
और तुरंत मैंने इसका नाम सोचा - धूम्रपान!

and upon my word, I had never heard of smoke before
और मेरे वचन पर, मैंने पहले कभी धुएं के बारे में नहीं सुना था।

Soon brilliant yellow and red flares shot up
जल्द ही शानदार पीले और लाल रंग की चमक बढ़ गई।

they shot up through the smoke
वे धुएं के माध्यम से ऊपर उठ गए।

and I named them in an instant — FLAMES
और मैंने उन्हें एक पल में नाम दिया - फ्लेम्स।

and I was right about this too
और इस बारे में भी सही था।

even though these were the very first flames there had ever been
भले ही ये पहली आग की लपटें थीं

They climbed the trees and they flashed splendidly
वे पेड़ों पर चढ़ गए और वे शानदार ढंग से चमक उठे।

there was increasing volume of tumbling smoke
टंबलिंग धुएं की मात्रा बढ़ रही थी।

and the flames danced in and out of the smoke
और आग की लपटें धुएं के अंदर और बाहर नाचती रहीं।

and I had to clap my hands and laugh and dance
और मुझे अपने हाथों से ताली बजानी पड़ी और हंसना और नाचना पड़ा।

it was so new and strange
यह बहुत नया और अजीब था।

and it was so wonderful and beautiful!
और यह बहुत अद्भुत और सुंदर था!

He came running, and he stopped and gazed
वह दौड़ता हुआ आया, और वह रुक गया और घूरने लगा।
he said not a word for many minutes
उन्होंने कई मिनट तक एक शब्द भी नहीं कहा।
Then he asked what it was
फिर उसने पूछा कि यह क्या है।
it a shame he asked such a direct question
यह शर्म की बात है कि उन्होंने ऐसा सीधा सवाल पूछा।
I had to answer it, of course, and I did
मुझे निश्चित रूप से इसका जवाब देना था, और मैंने किया।
if it annoyed him, what could I do?
अगर यह उसे परेशान करता है, तो मैं क्या कर सकता हूं?
it's not my fault that I knew what it was

यह मेरी गलती नहीं है कि मुझे पता था कि यह क्या था।

I said it was fire
मैंने कहा कि यह आग थी।

I had no desire to annoy him
मुझे उसे परेशान करने की कोई इच्छा नहीं थी।

After a pause he asked: "How did it come?"
थोड़ी देर रुकने के बाद उसने पूछा, "यह कैसे आया?

this question also had to have a direct answer
इस सवाल का भी सीधा जवाब होना चाहिए था।

"I made it" I answered
"मैंने इसे बनाया," मैंने जवाब दिया।

The fire was travelling farther and farther away
आग दूर-दूर तक फैल रही थी।

He went to the edge of the burned place
वह जली हुई जगह के किनारे पर चला गया।

and he stood looking down at it
और वह उसे नीचे देख रहा था।

and he said: "What are these?"
उसने कहा, "ये क्या हैं?

I told him they were fire-coals
मैंने उससे कहा कि वे आग के कोयले थे।

He picked up one to examine it
उसने इसकी जांच करने के लिए एक को उठाया।

but he changed his mind and put it down again
लेकिन उसने अपना मन बदल दिया और इसे फिर से नीचे रख दिया।

Then he went away
फिर वह चला गया।

NOTHING interests him
उसे कोई दिलचस्पी नहीं है।

But I was interested

लेकिन मुझे दिलचस्पी थी।

There were ashes, gray and soft and delicate and pretty

वहाँ राख, ग्रे और नरम और नाज़ुक और सुंदर थे।

I knew what they were straight away

मुझे तुरंत पता था कि वे क्या थे।

And the embers; I knew the embers, too

और अंगारे; मैं अंगारों को भी जानता था।

I found my apples and I raked them out

मुझे अपने सेब मिले और मैंने उन्हें बाहर निकाल दिया।

and I was glad because I am very young

और मैं खुश था क्योंकि मैं बहुत छोटा हूं।

so my appetite is still very active
इसलिए मेरी भूख अभी भी बहुत सक्रिय है।

But I was disappointed by the experiment
लेकिन मैं प्रयोग से निराश था।

because all the apples were burst open and spoiled
क्योंकि सारे सेब खुले और खराब हो गए थे।

at least, I thought they were spoiled
कम से कम, मुझे लगा कि वे खराब हो गए थे।

but they were not actually spoiled
लेकिन वे वास्तव में खराब नहीं हुए थे।

they were better than raw ones
वे कच्चे लोगों की तुलना में बेहतर थे।

Fire is beautiful and some day it will be useful, I think
आग सुंदर है और किसी दिन यह उपयोगी होगी, मुझे लगता है।

FRIDAY - शुक्रवार

I saw him again, for a moment
मैंने उसे एक पल के लिए फिर से देखा।

last Monday at nightfall, but only for a moment
पिछले सोमवार को रात में, लेकिन केवल एक पल के लिए।

I was hoping he would praise me for trying to improve the estate
मुझे उम्मीद थी कि वह संपत्ति को बेहतर बनाने की कोशिश के लिए मेरी प्रशंसा करेंगे।

because I had meant well and had worked hard
क्योंकि मेरा मतलब अच्छा था और मैंने कड़ी मेहनत की थी।

But he was not pleased and he turned away and left me
लेकिन वह खुश नहीं था और उसने मुंह मोड़ लिया और मुझे छोड़ दिया।

He was also displeased on another account
वह एक अन्य कारण से भी नाराज था।

I tried to persuade him to stop going over the water falls
मैंने उसे पानी के झरने के ऊपर जाने से रोकने के लिए मनाने की कोशिश की।

the fire had revealed to me a new feeling
आग ने मेरे सामने एक नई भावना प्रकट की थी।

this feeling was quite new
यह भावना काफी नई थी।

it felt distinctly different from love or grief
यह प्यार या दुःख से अलग महसूस हुआ।

and it was different from the other passions I had discovered
और यह मेरे द्वारा खोजे गए अन्य जुनूनों से अलग था।

this new feeling was FEAR and it is horrible!
यह नई भावना डर थी और यह भयानक है!

I wish I had never discovered it
काश मैंने इसे कभी नहीं खोजा होता

it gives me dark moments and spoils my happiness
यह मुझे अंधेरे पल देता है और मेरी खुशी को खराब करता है।

it makes me shiver and tremble and shudder
यह मुझे कंपकंपी और कांपने और कांपने पर मजबूर कर देता है।

But I could not persuade him
लेकिन मैं उसे राजी नहीं कर सका।

he has not discovered fear yet
उसने अभी तक डर की खोज नहीं की है।

so he could not understand me
इसलिए वह मुझे समझ नहीं सका।

- Extract from Adam's Diary -
- एडम की डायरी से उद्धरण -

Perhaps I ought to remember that she is very young
शायद मुझे याद रखना चाहिए कि वह बहुत छोटी है।
she is still but a mere girl
वह अभी भी सिर्फ एक लड़की है।
and I should make allowances
और मुझे भत्ते देने चाहिए
She is all interest, eagerness, vivacity
वह सभी रुचि, उत्सुकता, जीवंतता है।
she finds the world endlessly charming

वह दुनिया को अंतहीन आकर्षक पाता है।
a wonder, a mystery, a joy
एक आश्चर्य, एक रहस्य, एक खुशी
she can't speak for delight when she finds a new flower
जब उसे एक नया फूल मिलता है तो वह खुशी के लिए बात नहीं कर सकती है।
she must pet it and caress it
उसे इसे पालतू बनाना चाहिए और इसे सहलाना चाहिए।
and she has to smell it and talk to it
और उसे इसे सूंघना होगा और इससे बात करनी होगी।
and she pours out endearing names upon it
और वह उस पर प्यारे नाम डालती है।
And she is color-mad; brown rocks, yellow sand
और वह रंग-पागल है; भूरे रंग की चट्टानें, पीली रेत
gray moss, green foliage, blue sky, the pearl of the dawn
ग्रे काई, हरे पत्ते, नीला आकाश, भोर का मोती
the purple shadows on the mountains
पहाड़ों पर बैंगनी छाया
the golden islands floating in crimson seas at sunset
सूर्यास्त के समय क्रिमसन समुद्र में तैरते सुनहरे द्वीप
the pallid moon sailing through the shredded cloud-rack
कटा हुआ बादल-रैक के माध्यम से नौकायन करने वाला पल्लिड चंद्रमा
the star-jewels glittering in the wastes of space
अंतरिक्ष के कचरे में चमकते सितारे-गहने
none of these names are of any practical value
इनमें से कोई भी नाम किसी भी व्यावहारिक मूल्य का नहीं है।
there's no value in them as far as I can see
जहां तक मैं देख सकता हूं, उनमें कोई मूल्य नहीं है।
but they have color and majesty
लेकिन उनके पास रंग और महिमा है।
and that is enough for her
और यह उसके लिए पर्याप्त है।

and she loses her mind over them
और वह उन पर अपना दिमाग खो देता है।
If only she could quiet down a little
काश वह थोड़ा शांत हो पाती।
I wish she kept still a couple minutes at a time
काश वह एक समय में कुछ मिनट भी रहती।
it would be a reposeful spectacle
यह एक शानदार तमाशा होगा।
In that case I think I could enjoy looking at her
उस मामले में मुझे लगता है कि मैं उसे देखने का आनंद ले सकता हूं।
indeed, I am sure I could enjoy her company
वास्तव में, मुझे यकीन है कि मैं उसकी कंपनी का आनंद ले सकता हूं।
I am coming to realize that she is a quite remarkable creature
मुझे एहसास हो रहा है कि वह काफी उल्लेखनीय प्राणी है।
lithe, slender, trim, rounded
लिथ, पतला, ट्रिम, गोल
shapely, nimble, graceful
सुडौल, फुर्तीला, सुंदर।
and once she was standing as white as marble
और एक बार वह संगमरमर की तरह सफेद खड़ी थी।
she was on a boulder, and drenched in the sun
वह एक पत्थर पर थी, और धूप में भीगी हुई थी।
she stood with her young head tilted back
वह अपने युवा सिर को पीछे झुकाए खड़ी थी।
and her hand was shading her eyes
और उसका हाथ उसकी आँखों पर छाया डाल रहा था।
she was watching the flight of a bird in the sky
वह आकाश में एक पक्षी की उड़ान देख रही थी।
I recognized that she was beautiful
मैंने पहचान लिया कि वह सुंदर थी।

MONDAY NOON - सोमवार दोपहर

Is there anything that she is not interested in?
क्या ऐसा कुछ है जिसमें उसकी दिलचस्पी नहीं है?

if there is something, it is not in my list
अगर कुछ है, तो यह मेरी सूची में नहीं है।

There are animals that I am indifferent to
ऐसे जानवर हैं जिनके प्रति मैं उदासीन हूं।

but it is not so with her
लेकिन उसके साथ ऐसा नहीं है।

She has no discrimination
उसके साथ कोई भेदभाव नहीं है।

she takes to all the animals

वह सभी जानवरों को ले जाता है।
she thinks they are all treasures
वह सोचती है कि वे सभी खजाने हैं।
every new animal is welcome
हर नए जानवर का स्वागत है

take the mighty brontosaurus as an example
एक उदाहरण के रूप में शक्तिशाली ब्रोंटोसॉरस को लें।
she regarded it as an acquisition
उन्होंने इसे एक अधिग्रहण के रूप में माना।
I considered it a calamity
मैंने इसे एक आपदा माना।
that is a good sample of the lack of harmony

यह सद्भाव की कमी का एक अच्छा नमूना है।
a lack of harmony between our views of things
चीजों के बारे में हमारे विचारों के बीच सामंजस्य की कमी
She wanted to domesticate it
वह इसे पालतू बनाना चाहता था।
I wanted to give it the house and move out
मैं इसे घर देना चाहता था और बाहर जाना चाहता था।
She believed it could be tamed by kind treatment
उनका मानना था कि इसे दयालु उपचार से नियंत्रित किया जा सकता है।
and she thought it would be a good pet
और उसने सोचा कि यह एक अच्छा पालतू जानवर होगा।
I tried to convince her otherwise
मैंने उसे अन्यथा समझाने की कोशिश की।
a pet twenty-one feet high is no thing to have at home
इक्कीस फीट ऊंचा पालतू जानवर घर पर रखने के लिए कोई चीज नहीं है।
even with the best intentions it could sit down on the house
यहां तक कि सबसे अच्छे इरादों के साथ यह घर पर बैठ सकता था।
it wouldn't have to mean any harm
इसका मतलब कोई नुकसान नहीं होगा।
but it could still mash the house quite easily
लेकिन यह अभी भी घर को काफी आसानी से मैश कर सकता है।
for anyone could see that it was absent-minded
क्योंकि कोई भी देख सकता था कि यह अनुपस्थित-दिमाग था
because it had an emptiness behind its eyes
क्योंकि उसकी आंखों के पीछे एक खालीपन था।
Still, her heart was set upon having that monster
फिर भी, उसका दिल उस राक्षस को पाने के लिए सेट किया गया था।
and she couldn't give it up
और वह इसे छोड़ नहीं सकता था।
She thought we could start a dairy with it
उसने सोचा कि हम इसके साथ एक डेयरी शुरू कर सकते हैं।
and she wanted me to help milk it

और वह चाहती थी कि मैं इसे दूध पिलाने में मदद करूं।
but I wouldn't milk it
लेकिन मैं इसे दूध नहीं दूंगा।
it was too risky
यह बहुत जोखिम भरा था
The sex wasn't right for milking either
दूध दुहने के लिए भी सेक्स सही नहीं था।
and we didn't have a ladder anyway
और हमारे पास वैसे भी सीढ़ी नहीं थी।
Then she wanted to ride it
फिर वह इसकी सवारी करना चाहता था।
she thought she would get a better view of the scenery
उसने सोचा कि उसे दृश्यों का बेहतर दृश्य मिलेगा।
Thirty or forty feet of its tail was lying on the ground
उसकी पूँछ का तीस-चालीस फीट हिस्सा जमीन पर पड़ा हुआ था।
it had all the size of a fallen tree
यह एक गिरे हुए पेड़ के आकार का था।
and she thought she could climb it
और उसने सोचा कि वह उस पर चढ़ सकता है।
but she was mistaken
लेकिन वह गलत था।
when she got to the steep place it was too slick
जब वह खड़ी जगह पर पहुंची तो यह बहुत चालाक था।
and she came sliding back down
और वह वापस नीचे फिसलते हुए आ गई।
she would have hurt herself if it wasn't for me
अगर मैं नहीं होता तो वह खुद को चोट पहुंचाती।

Was she satisfied now? No
क्या वह अब संतुष्ट थी? नहीं
Nothing ever satisfies her but demonstration
प्रदर्शन के अलावा कुछ भी उसे संतुष्ट नहीं करता है।
she didn't keep theories untested for long
उन्होंने सिद्धांतों को लंबे समय तक अप्रमाणित नहीं रखा।
It is the right spirit, I concede
यह सही भावना है, मैं मानता हूं।
it is what attracts me to her
यही मुझे उसकी ओर आकर्षित करता है।
I feel the influence of it
मैं इसके प्रभाव को महसूस करता हूं।

if I were with her more I think I would become more adventurous
अगर मैं उसके साथ अधिक होता, तो मुझे लगता है कि मैं और अधिक साहसी हो जाऊंगा।

Well, she had one theory remaining about this colossus
खैर, उसके पास इस कोलोसस के बारे में एक सिद्धांत शेष था।

she thought that if we could tame it we could stand in the river
उसने सोचा कि अगर हम इसे वश में कर सकते हैं तो हम नदी में खड़े हो सकते हैं।

if we made him our friend we could use him as a bridge
अगर हम उसे अपना दोस्त बनाते तो हम उसे एक पुल के रूप में इस्तेमाल कर सकते थे।

It turned out that he was already plenty tame enough
यह पता चला कि वह पहले से ही काफी शांत था।

he was tame enough as far as she was concerned
जहां तक उसका सवाल था, वह काफी शांत था।

so she tried her theory, but it failed
इसलिए उसने अपने सिद्धांत की कोशिश की, लेकिन यह विफल रहा।

she got him properly placed in the river
उसने उसे नदी में ठीक से रखा।

and she went ashore to cross over him
और वह उसे पार करने के लिए किनारे पर चली गई।

but he came out and followed her around
लेकिन वह बाहर आया और उसके पीछे चला गया।

like a pet mountain
एक पालतू पहाड़ की तरह

Like the other animals
अन्य जानवरों की तरह

They all do that
वे सभी ऐसा करते हैं।

- Eve's Diary -
- ईव की डायरी –

Tuesday, Wednesday, Thursday, and today:
मंगलवार, बुधवार, गुरुवार और आज:
I didn't see him any of these days
मैंने उसे इन दिनों में नहीं देखा।
It is a long time to be alone
अकेले रहने के लिए एक लंबा समय है
still, it is better to be alone than unwelcome
फिर भी, अवांछित होने की तुलना में अकेले रहना बेहतर है।

FRIDAY - शुक्रवार
I HAD to have company
मुझे कंपनी चाहिए थी
I was made for having company, I think
मुझे लगता है कि मैं कंपनी के लिए बना था।
so I made friends with the animals
इसलिए मैंने जानवरों के साथ दोस्ती की।
They are just so charming
वे बस इतने आकर्षक हैं
and they have the kindest disposition
और उनके पास सबसे दयालु स्वभाव है।
and they have the politest ways
और उनके पास सबसे अच्छे तरीके हैं।
they never look sour or let you feel that you are intruding
वे कभी खट्टे नहीं दिखते हैं या आपको महसूस नहीं होने देते हैं कि आप घुसपैठ कर रहे हैं।
they smile at you and wag their tail
वे आप पर मुस्कुराते हैं और अपनी पूंछ हिलाते हैं।
at least, they wag their tale if they've got one
कम से कम, वे अपनी कहानी सुनाते हैं अगर उनके पास एक है।
and they are always ready for a romp or an excursion

और वे हमेशा एक रोम्प या भ्रमण के लिए तैयार रहते हैं।
they're ready for anything you want to propose
वे किसी भी चीज के लिए तैयार हैं जिसे आप प्रस्तावित करना चाहते हैं।
I think they are perfect gentlemen
मुझे लगता है कि वे आदर्श सज्जन हैं।
All these days we have had such good times
इन सभी दिनों में हमने इतना अच्छा समय बिताया है।
and it hasn't been lonesome for me, ever
और यह मेरे लिए कभी अकेला नहीं रहा है।

Lonesome? No, I should say not
लोन्सम! नहीं, मुझे नहीं कहना चाहिए।
there's always a swarm of them around
चारों ओर हमेशा उनका झुंड रहता है।
sometimes as much as four or five acres
कभी-कभी चार या पांच एकड़ तक।
when you stand on a rock you can see them for miles
जब आप एक चट्टान पर खड़े होते हैं तो आप उन्हें मीलों तक देख सकते हैं।

they are mottled and splashed and gay with color
वे मोटे और बिखरे हुए हैं और रंग के साथ समलैंगिक हैं।
and there's a frisking sheen and sun-flash
और एक तलाशी की चमक और धूप-चमक है।
and the landscape is so rippled with stripes
और परिदृश्य पट्टियों से इतना घिरा हुआ है।
you might think it was a lake
आप सोच सकते हैं कि यह एक झील थी।
but you know it isn't a lake at all
लेकिन आप जानते हैं कि यह एक झील नहीं है।
and there are storms of sociable birds
और मिलनसार पक्षियों के तूफान हैं।
and there are hurricanes of whirring wings
और वहाँ पंखों के तूफान हैं।
and the sun strikes all that feathery commotion
और सूरज उस सभी पंखदार हलचल पर हमला करता है।
you can see a blazing up of all the colors you can think of
आप उन सभी रंगों का एक धधकते हुए देख सकते हैं जिनके बारे में आप सोच सकते हैं।
enough colours to put your eyes out
अपनी आंखों को बाहर निकालने के लिए पर्याप्त रंग

We have made long excursions
हमने लंबी यात्राएं की हैं।

and I have seen a great deal of the world
और मैंने दुनिया का एक बड़ा हिस्सा देखा है।

I think I've seen almost all of it
मुझे लगता है कि मैंने लगभग यह सब देखा है।

I must be first traveler
मुझे पहला यात्री होना चाहिए।

and I am the only traveller
और मैं एकमात्र यात्री हूँ

When we are on the march, it is an imposing sight
जब हम मार्च पर होते हैं, तो यह एक भव्य दृश्य होता है।

there's nothing like it anywhere
कहीं भी ऐसा कुछ नहीं है।

For comfort I ride a tiger or a leopard
आराम के लिए मैं बाघ या तेंदुए की सवारी करता हूं।

because they are soft and have round backs that fit me
क्योंकि वे नरम हैं और गोल पीठ हैं जो मुझे फिट करते हैं।

and because they are such pretty animals
क्योंकि वे इतने सुंदर जानवर हैं।

but for long distance, or for scenery, I ride the elephant
लेकिन लंबी दूरी के लिए, या दृश्यों के लिए, मैं हाथी की सवारी करता हूं।

He hoists me up with his trunk
वह मुझे अपनी सूंड से ऊपर उठाता है।

but I can get off myself
लेकिन मैं खुद से उतर सकता हूं।

when we are ready to camp he sits
जब हम शिविर के लिए तैयार होते हैं तो वह बैठता है।

and I slide down off his back
और मैं उसकी पीठ से नीचे खिसक गया।

The birds and animals are all friendly to each other
पक्षी और जानवर सभी एक दूसरे के अनुकूल हैं।
and there are no disputes about anything
और किसी भी चीज के बारे में कोई विवाद नहीं है।
They all talk with each other and to me
वे सभी एक-दूसरे से और मुझसे बात करते हैं।
but it must be a foreign language
लेकिन यह एक विदेशी भाषा होनी चाहिए।
because I cannot make out a word they say
क्योंकि मैं उनके द्वारा कहे गए एक शब्द को भी नहीं कह सकता।
yet they often understand me when I talk back
फिर भी जब मैं वापस बात करता हूं तो वे अक्सर मुझे समझते हैं।

the dog and the elephant understand me particularly well
कुत्ता और हाथी मुझे विशेष रूप से अच्छी तरह से समझते हैं।

It makes me ashamed
यह मुझे शर्मिंदा करता है

It shows that they are more intelligent than I am
यह दिखाता है कि वे मुझसे ज्यादा बुद्धिमान हैं।

but I want to be the main experiment
लेकिन मैं मुख्य प्रयोग बनना चाहता हूं।

and I intend to be the main experiment
और मैं मुख्य प्रयोग होने का इरादा रखता हूं।

I have learned a number of things
मैंने बहुत सी चीजें सीखी हैं।

and I am educated, now
और मैं अब शिक्षित हूँ।

but I wasn't educated at first
लेकिन पहले मैं शिक्षित नहीं था।

I was ignorant at first
पहले मैं अज्ञानी था।

At first it used to vex me
पहले यह मुझे परेशान करता था।

because I was never smart enough
क्योंकि मैं कभी पर्याप्त स्मार्ट नहीं था।

I wasn't smart enough despite how much I observed
मैं इतना देखने के बावजूद पर्याप्त स्मार्ट नहीं था।

I was never around when the water was running uphill
जब पानी ऊपर की ओर चल रहा था तो मैं कभी आसपास नहीं था।

but now I do not mind it
लेकिन अब मुझे इससे कोई फर्क नहीं पड़ता।

I have experimented and experimented
मैंने प्रयोग और प्रयोग किया है।

I know it never runs uphill, except in the dark
मुझे पता है कि यह अंधेरे को छोड़कर कभी भी ऊपर नहीं जाता है।

I know it does run uphill when it is dark

मुझे पता है कि जब अंधेरा होता है तो यह ऊपर की ओर चलता है।
because the pool never goes dry
क्योंकि पूल कभी सूखता नहीं है।
it would dry up if the water didn't come back in the night
अगर रात में पानी वापस नहीं आया तो यह सूख जाएगा।
It is best to prove things by actual experiment
वास्तविक प्रयोग द्वारा चीजों को साबित करना सबसे अच्छा है।
if you do an experiment then you KNOW
यदि आप एक प्रयोग करते हैं तो आप जानते हैं
whereas if you depend on guessing you never get educated
जबकि यदि आप अनुमान लगाने पर निर्भर हैं तो आप कभी शिक्षित नहीं होते हैं।

thinking about things is not enough either
चीजों के बारे में सोचना भी पर्याप्त नहीं है।
Some things you CAN'T find out
कुछ चीजें जो आप नहीं जान सकते
but you will never know you can't by guessing and supposing:
लेकिन आप कभी नहीं जान पाएंगे कि आप अनुमान लगाकर और मान कर नहीं कर सकते:
no, you have to be patient and go on experimenting
नहीं, आपको धैर्य रखना होगा और प्रयोग करना जारी रखना होगा।
until you find out that you can't find out
जब तक आपको पता नहीं चलता कि आप पता नहीं लगा सकते
And it is delightful to have it that way
और इसे इस तरह से प्राप्त करना सुखद है।
it makes the world so interesting
यह दुनिया को इतना दिलचस्प बनाता है
If there wasn't anything to find out, it would be dull
अगर पता लगाने के लिए कुछ भी नहीं था, तो यह सुस्त होगा।
Even not finding out is just as interesting
यहां तक कि पता नहीं लगाना भी उतना ही दिलचस्प है।
sometimes not finding out is as interesting as finding out
कभी-कभी पता नहीं लगाना उतना ही दिलचस्प होता है जितना कि पता लगाना
The secret of the water was a treasure until I got it
पानी का रहस्य एक खजाना था जब तक कि मुझे यह नहीं मिला।
then the excitement all went away
फिर उत्साह दूर हो गया।
and I recognized a sense of loss
और मैंने नुकसान की भावना को पहचान लिया।

By experiment I know that wood swims
प्रयोग से मुझे पता है कि लकड़ी तैरती है।

dry leaves, feathers, and other things float too
सूखी पत्तियां, पंख और अन्य चीजें भी तैरती हैं।

so you can know that a rock can swim
तो आप जान सकते हैं कि एक चट्टान तैर सकती है

because you've collected cumulative evidence
क्योंकि आपने संचयी सबूत एकत्र किए हैं

but you have to put up with simply knowing it
लेकिन आपको बस इसे जानने के साथ रहना होगा।

because there isn't any way to prove it
क्योंकि इसे साबित करने का कोई तरीका नहीं है।

at least up until now there's no way to prove it

कम से कम अब तक इसे साबित करने का कोई तरीका नहीं है।
But I shall find a way
लेकिन मैं एक रास्ता खोजूंगा।
then that excitement will go
तब वह उत्साह खत्म हो जाएगा।
Such things make me sad
ऐसी बातें मुझे दुखी करती हैं।
by and by I will come to know everything
धीरे-धीरे मुझे सब कुछ पता चल जाएगा।
and then there won't be any more excitement
और फिर कोई और उत्साह नहीं होगा।
and I do love excitements so much!
और मुझे उत्साह बहुत पसंद है!
The other night I couldn't sleep
दूसरी रात मैं सो नहीं सका।
I was thinking so much about it
मैं इसके बारे में बहुत सोच रहा था।

At first I couldn't establish what I was made for
पहले तो मैं यह स्थापित नहीं कर सका कि मैं किस लिए बना था।

but now I think I know what I was made for
लेकिन अब मुझे लगता है कि मुझे पता है कि मैं किस लिए बना था।

I was made to search out the secrets of this wonderful world
मुझे इस अद्भुत दुनिया के रहस्यों की खोज करने के लिए बनाया गया था।

and I am made to be happy
और मुझे खुश रहने के लिए बनाया गया है

I think the Giver of it all for devising it
मुझे लगता है कि इसे तैयार करने के लिए यह सब देने वाला है।

I think there are still many things to learn
मुझे लगता है कि अभी भी सीखने के लिए बहुत सी चीजें हैं।

and I hope there will always be more to learn
और मुझे आशा है कि सीखने के लिए हमेशा और अधिक होगा।

by not hurrying too fast I think they will last weeks and weeks
बहुत जल्दी न करके मुझे लगता है कि वे हफ्तों और हफ्तों तक चलेंगे।

I hope I have so much left to discover
मुझे आशा है कि मेरे पास खोजने के लिए बहुत कुछ बचा है।

When you cast up a feather it sails away on the air
जब आप एक पंख डालते हैं तो यह हवा में उड़ जाता है।

and then it goes out of sight
और फिर यह दृष्टि से बाहर हो जाता है।

when you throw up a clod it doesn't act like a feather
जब आप एक क्लॉड फेंकते हैं तो यह एक पंख की तरह काम नहीं करता है।

It comes down, every time
यह हर बार नीचे आता है।

I have tried it and tried it
मैंने कोशिश की और कोशिश की।

and it is always this way
और यह हमेशा इस तरह से होता है

I wonder why it is
मुझे आश्चर्य है कि यह क्यों है

Of course it DOESN'T come down
बेशक यह नीचे नहीं आता है।

but why does it SEEM to come down?
लेकिन यह नीचे क्यों आ रहा है?

I suppose it is an optical illusion
मुझे लगता है कि यह एक ऑप्टिकल भ्रम है।

I mean, one of them is an optical illusion
मेरा मतलब है, उनमें से एक ऑप्टिकल भ्रम है।

I don't know which one is an optical illusion
मुझे नहीं पता कि कौन सा एक ऑप्टिकल भ्रम है।

It may be the feather, it may be the clod
यह पंख हो सकता है, यह क्लोड हो सकता है।

I can't prove which it is
मैं साबित नहीं कर सकता कि यह कौन सा है

I can only demonstrate that one or the other is a fake
मैं केवल यह दिखा सकता हूं कि एक या दूसरा नकली है।

and I let you take your choice
और मैं आपको अपनी पसंद लेने देता हूं

- 117 -

By watching, I know that the stars are not going to last
देखकर, मुझे पता है कि सितारे टिकने वाले नहीं हैं।
I have seen some of the best ones melt
मैंने कुछ बेहतरीन लोगों को पिघलते देखा है।
and then they ran down the sky
और फिर वे आकाश की ओर भागे।
Since one can melt, they can all melt
चूंकि कोई पिघल सकता है, वे सभी पिघल सकते हैं।
since they can all melt, they can all melt the same night
चूंकि वे सभी पिघल सकते हैं, वे सभी एक ही रात पिघल सकते हैं।
That sorrow will come, I know it
वह दुःख आएगा, मैं जानता हूं।
I mean to sit up every night and look at them
मेरा मतलब है कि हर रात बैठना और उन्हें देखना।
as long as I can keep awake
जब तक मैं जाग सकता हूं
and I will impress those sparkling fields on my memory
और मैं अपनी स्मृति पर उन चमकदार खेतों को प्रभावित करूंगा।
so that I can by my fancy restore those lovely myriads
ताकि मैं अपने प्रशंसकों द्वारा उन प्यारे असंख्य को पुनर्स्थापित कर सकूं।
then I can put them back into the black sky, when they are taken away
तब मैं उन्हें काले आकाश में वापस डाल सकता हूं, जब उन्हें दूर ले जाया जाता है।
and I can make them sparkle again
और मैं उन्हें फिर से चमक सकता हूं
and I can double them by the blur of my tears
और मैं उन्हें अपने आंसुओं के धुंधले पन से दोगुना कर सकता हूं।

- After the Fall -
- गिरने के बाद -

When I look back, the Garden is a dream to me
जब मैं पीछे मुड़कर देखता हूं, तो गार्डन मेरे लिए एक सपना है।
It was beautiful, surpassingly beautiful, enchantingly beautiful
यह सुंदर था, बेहद सुंदर, मोहक रूप से सुंदर था।
and now the garden is lost
और अब बगीचा खो गया है
and I shall not see it any more
और मैं इसे अब और नहीं देखूंगा।

The Garden is lost, but I have found him
बगीचा खो गया है, लेकिन मैंने उसे पाया है
and I am content with that
और मैं इससे संतुष्ट हूं।
He loves me as well as he can
वह मुझे उतना ही प्यार करता है जितना वह कर सकता है।
I love him with all the strength of my passionate nature
मैं उसे अपने भावुक स्वभाव की पूरी ताकत से प्यार करता हूं।
and this is proper to my youth and sex, I think
और यह मेरी युवावस्था और सेक्स के लिए उचित है, मुझे लगता है।
If I ask myself why I love him, I find I do not know
अगर मैं खुद से पूछता हूं कि मैं उससे प्यार क्यों करता हूं, तो मुझे लगता है कि मुझे नहीं पता।
and I do not really care to know
और मुझे वास्तव में जानने की परवाह नहीं है
so I suppose this kind of love is not a product of reasoning
तो मुझे लगता है कि इस तरह का प्यार तर्क का उत्पाद नहीं है।
this love has nothing to do with statistics
इस प्यार का आंकड़ों से कोई लेना-देना नहीं है।
it is different to the way one loves the animals
यह जानवरों से प्यार करने के तरीके से अलग है।
I think that this must be so
मुझे लगता है कि यह ऐसा होना चाहिए।
I love certain birds because of their song
मैं कुछ पक्षियों को उनके गीत के कारण प्यार करता हूं।
but I do not love Adam on account of his singing
लेकिन मैं एडम को उसके गायन के कारण प्यार नहीं करता
No, it is not that
नहीं, ऐसा नहीं है।
the more he sings the more I do not get reconciled to it
जितना अधिक वह गाता है, उतना ही मैं उससे सामंजस्य नहीं बिठापाता हूं।
Yet I ask him to sing

फिर भी मैं उसे गाने के लिए कहता हूं।

because I wish to learn to like everything he is interested in
क्योंकि मैं वह सब कुछ पसंद करना सीखना चाहता हूं जिसमें वह रुचि रखता है।

I am sure I can learn
मुझे यकीन है कि मैं सीख सकता हूं

because at first I could not stand it, but now I can
क्योंकि पहले मैं इसे बर्दाश्त नहीं कर सकता था, लेकिन अब मैं कर सकता हूं।

It sours the milk, but it doesn't matter
यह दूध को खट्टा करता है, लेकिन इससे कोई फर्क नहीं पड़ता।

I can get used to that kind of milk
मुझे इस तरह के दूध की आदत हो सकती है।

It is not on account of his brightness that I love him
यह उसकी चमक के कारण नहीं है कि मैं उससे प्यार करता हूं।

He is not to blame for his brightness
वह अपनी चमक के लिए दोषी नहीं है।

because he did not make it himself
क्योंकि उसने इसे खुद नहीं बनाया था।

he is as God made him
वह वैसा ही है जैसा भगवान ने उसे बनाया है।

and that is sufficient the way he is
और वह जिस तरह से है वह पर्याप्त है।

There was a wise purpose in it, that I know
इसमें एक बुद्धिमान उद्देश्य था, जो मुझे पता है।

In time the purpose will develop
समय के साथ उद्देश्य विकसित हो जाएगा

though I think it will not be sudden
हालांकि मुझे लगता है कि यह अचानक नहीं होगा

and besides, there is no hurry
और इसके अलावा, कोई जल्दबाजी नहीं है।

he is good enough just as he is
वह वैसे ही अच्छा है जैसे वह है।

It is not his grace for which I love him
यह उसकी कृपा नहीं है जिसके लिए मैं उससे प्यार करता हूं।

and I do not love him for his delicate nature
और मैं उसे उसके नाजुक स्वभाव के लिए प्यार नहीं करता।

he would not be considerate for love either
वह प्यार के लिए भी विचारशील नहीं होगा।

No, he is lacking in these regards
नहीं, उनमें इन मामलों की कमी है।

but he is well enough just as he is
लेकिन वह वैसे ही ठीक है जैसे वह है।

and he is improving
और वह सुधार कर रहा है

It is not on account of his industry that I love him
यह उनके उद्योग के कारण नहीं है कि मैं उनसे प्यार करता हूं।

No, it is not that
नहीं, ऐसा नहीं है।

I think he has it in him
मुझे लगता है कि उसमें यह है।

and I do not know why he conceals it from me
और मुझे नहीं पता कि वह इसे मुझसे क्यों छिपाता है।

It is my only pain
यह मेरा एकमात्र दर्द है

Otherwise he is frank and open with me, now
अन्यथा वह अब मेरे साथ स्पष्ट और खुला है।

I am sure he keeps nothing from me but this
मुझे यकीन है कि वह मुझसे इसके अलावा कुछ भी नहीं रखता है।

It grieves me that he should have a secret from me
यह मुझे दुखी करता है कि उसे मुझसे एक रहस्य होना चाहिए।

and sometimes it spoils my sleep thinking of it
और कभी-कभी यह सोचकर मेरी नींद खराब कर देता है।

but I will put it out of my mind
लेकिन मैं इसे अपने दिमाग से बाहर कर दूंगा।

it shall not trouble my happiness
यह मेरी खुशी को परेशान नहीं करेगा।

my happiness is already almost overflowing
मेरी खुशी पहले से ही लगभग उमड़ रही है।

It is not on account of his education that I love him
यह उसकी शिक्षा के कारण नहीं है कि मैं उससे प्यार करता हूं।

No, it is not that
नहीं, ऐसा नहीं है।

He is self-educated
वह स्व-शिक्षित है।

and he does really know a multitude of things
और वह वास्तव में बहुत सी चीजों को जानता है।

It is not on account of his chivalry that I love him
यह उसकी शिष्टता के कारण नहीं है कि मैं उससे प्यार करता हूं।

No, it is not that
नहीं, ऐसा नहीं है।

He told on me, but I do not blame him
उसने मुझे बताया, लेकिन मैं उसे दोष नहीं देता।

it is a peculiarity of sex, I think
यह सेक्स की एक ख़ासियत है, मुझे लगता है

and he did not make his sex
और उसने अपना सेक्स नहीं किया।

Of course I would not have told on him
बेशक मैंने उसके बारे में नहीं बताया होगा।

I would have perished before telling on him

मैं उसके बारे में बताने से पहले ही मर गया होता।
but that is a peculiarity of sex, too
लेकिन यह सेक्स की एक ख़ासियत भी है।
and I do not take credit for it
और मैं इसका श्रेय नहीं लेता।
because I did not make my sex
क्योंकि मैंने अपना सेक्स नहीं किया था।
Then why is it that I love him?
तो फिर ऐसा क्यों है कि मैं उससे प्यार करता हूँ?
MERELY BECAUSE HE IS MASCULINE, I think
केवल इसलिए कि वह मर्दाना है, मुझे लगता है

At bottom he is good, and I love him for that
नीचे वह अच्छा है, और मैं उसे इसके लिए प्यार करता हूं।

but I could love him without him being good
लेकिन मैं उसके अच्छे होने के बिना उसे प्यार कर सकता था।

If he beat me and abused me I could go on loving him
अगर वह मुझे पीटता और गाली देता, तो मैं उससे प्यार करती रह सकती थी।

I know it is that way
मुझे पता है कि यह इस तरह से है।

It is a matter of my sex, I think
यह मेरे सेक्स का मामला है, मुझे लगता है।

He is strong and handsome
वह मजबूत और सुंदर है।

and I love him for that
और मैं उसे इसके लिए प्यार करता हूँ

and I admire him and am proud of him
और मैं उसकी प्रशंसा करता हूं और मुझे उस पर गर्व है

but I could love him without those qualities
लेकिन मैं उन गुणों के बिना उसे प्यार कर सकता था।

If he were plain, I would still love him
अगर वह सादा होता, तो मैं अभी भी उससे प्यार करता।

if he were a wreck, I would still love him
अगर वह एक बर्बाद था, तो मैं अभी भी उससे प्यार करता।

and I would work for him
और मैं उसके लिए काम करूंगा।

and I would slave over him
और मैं उस पर गुलाम बन जाऊंगा।

and I would pray for him
और मैं उसके लिए प्रार्थना करूंगा

and I would watch by his bedside until I died
और मैं उसके बिस्तर के पास तब तक देखता रहा जब तक मैं मर नहीं गया।

Yes, I think I love him merely because he is MINE
हां, मुझे लगता है कि मैं उससे सिर्फ इसलिए प्यार करता हूं क्योंकि वह मेरा है।

and I love him because he is MASCULINE
और मैं उससे प्यार करता हूं क्योंकि वह मर्दाना है।

There is no other reason, I suppose
कोई अन्य कारण नहीं है, मुझे लगता है।

And so I think it is as I first said
और इसलिए मुझे लगता है कि यह वैसा ही है जैसा मैंने पहले कहा था।

this kind of love is not a product of reasoning and statistics
इस तरह का प्यार तर्क और आंकड़ों का उत्पाद नहीं है।

this kind of love just comes by itself

इस तरह का प्यार बस अपने आप आता है।

No one knows when it will come

कोई नहीं जानता कि यह कब आएगा।

and love cannot explain itself

और प्यार खुद को समझा नहीं सकता

love doesn't need to explain itself

प्यार को खुद को समझाने की जरूरत नहीं है।

that is what I think, but I am only a girl

मुझे ऐसा लगता है, लेकिन मैं केवल एक लड़की हूं।

I am the first girl that has examined this matter

मैं पहली लड़की हूं जिसने इस मामले की जांच की है।

although, out of inexperience, I may not have gotten it right

हालांकि, अनुभवहीनता के कारण, मुझे यह सही नहीं मिल सकता था।

- Forty Years Later -
- चालीस साल बाद –

It is my prayer, it is my longing;
यह मेरी प्रार्थना है, यह मेरी लालसा है;
I pray that we pass from this life together
मैं प्रार्थना करता हूं कि हम इस जीवन से एक साथ गुजरें।
this longing shall never perish from the earth
यह लालसा पृथ्वी से कभी नष्ट नहीं होगी।
but it shall have place in the heart of every wife that loves
लेकिन यह हर उस पत्नी के दिल में जगह रखेगा जो प्यार करती है
until the end of time
समय के अंत तक
and it shall be called by my name; Eve
और वह मेरे नाम से पुकारा जाएगा; हव्वा

But if one of us must go first, it is my prayer that it shall be I
लेकिन अगर हम में से किसी को पहले जाना है, तो यह मेरी प्रार्थना है कि यह मैं ही रहूंगा।

for he is strong, I am weak
क्योंकि वह मजबूत है, मैं कमजोर हूं।

I am not as necessary to him as he is to me
मैं उसके लिए उतना जरूरी नहीं हूं जितना वह मेरे लिए है।

life without him would not be life
उसके बिना जीवन जीवन नहीं होगा।

how could I endure it?
मैं इसे कैसे सहन कर सकता था?

This prayer is also immortal
यह प्रार्थना भी अमर है।

this prayer will not cease from being offered up while my race continues
जब तक मेरी दौड़ जारी रहेगी, यह प्रार्थना अदा किए जाने से नहीं रुकेगी।

I am the first wife
मैं पहली पत्नी हूँ

and in the last wife I shall be repeated
और अंतिम पत्नी में मुझे दोहराया जाएगा।

- At Eve's Grave -

- हव्वा की कब्र पर –

ADAM: "Wheresoever she was, there was Eden"

एडम: "जहाँ भी वह थी, वहाँ अदन था"

www.tranzlaty.com

www.ingramcontent.com/pod-product-compliance
Lightning Source LLC
Chambersburg PA
CBHW011951090526
44591CB00020B/2729
* 9 7 8 1 8 3 5 6 6 1 8 5 7 *